Theodor Brecht

Papst Leo XIII. und der Protestantismus

Theodor Brecht

Papst Leo XIII. und der Protestantismus

ISBN/EAN: 9783743302112

Hergestellt in Europa, USA, Kanada, Australien, Japan

Cover: Foto ©Lupo / pixelio.de

Manufactured and distributed by brebook publishing software
(www.brebook.com)

Theodor Brecht

Papst Leo XIII. und der Protestantismus

Papst Leo XIII.

und

der Protestantismus.

Von

Theodor Brecht.

Barmen.

Verlag von Hugo Klein.

1888.

Inhalt.

Vorwort.

Was gehen den Protestanten innerkatholische Ver=
hältnisse, was geht ihn Papst Leo XIII. an?! So
dürfte wohl, wie seither schon, so oft wir Protestanten
uns mit katholischen Dingen beschäftigten, auch diese
Schrift von den Katholiken zurückgewiesen werden.
Allein für Katholiken ist sie auch nicht geschrieben.
Und die katholische Polemik hat sich so anhaltend und
eingehend mit protestantischen Dingen beschäftigt, Papst
Leo selbst hat in solch unzweideutiger Weise seine Hir=
tenfürsorge auch dem Protestantismus gewidmet, daß es
auch uns gestattet sein muß, uns über katholische Dinge,
speziell über Leo XIII. klar zu werden. Vollends in
Deutschland, wo wir zusammenleben, muß sich die eine
Konfession um die Entwickelung des Geisteslebens der
andern kümmern, wenn wir überhaupt mit dem Be=
griffe Volk Ernst machen, wenn wir uns nicht als zwei
wildfremde unzusammenhängende Volkshälften betrachten

wollen. Wären wir einmal auf jenem hölzernen, polizei=
mäßigen Standpunkt angelangt, daß wir uns gegenfei=
tig nicht mehr um uns kümmern, nicht mehr „einander
dreinreden" dürften, dann wäre es mit dem Begriff des
deutschen Volkes vorbei. Daß es soweit komme, dazu ist
nach einer Hinsicht keine Gefahr. Die Katholiken küm=
mern sich um den Entwickelungsgang des Protestantis=
mus in wahrhaft grandiosem Maße. Sie behaupten täg=
lich hundertmal, sie hätten den Protestantismus historisch
vernichtet (Janssen!). Sie behaupten den philosophischen
Bankerott dieser auf „gottesschänderischem" Wege zur
Wahrheit gelangten Sekte (Prälat Hettinger!). Sie
machen täglich aus Luthers deutscher Mannesgestalt
einen mexikanischen Vitzliputzli! Katholische Gelehrte,
Sozialpolitiker, Kunsthistoriker, Litteraturbeflissene ꝛc. sind
emsig mit der Vivisektion des Protestantismus beschäf=
tigt. Und dieser Polemik gegenüber verlangt man von
uns, wir sollen „friedlich tolerant" schweigen! Aber
wie heißt man doch den, der sich „friedlich to=
lerant" das Edelste, Beste, Teuerste, das er
hat, schmähen, verkleinern, nehmen läßt?! Wie
heißt man doch einen solchen Mann?! Mag also,
wenn wir jene ultramontane Polemik gebührend zurück=
weisen, wenn wir uns zusammenzuschließen beginnen,

wie es der Katholizismus schon lange gethan hat, mag
die „Germania" darüber ihr Klagegeheul fortsetzen, so viel
sie will; wen jene ultramontane Phrasen über „diese
protestantischen Hetzer" überhaupt noch rühren, der zeigt,
daß er die dermalige Situation nicht versteht. Lange
genug hat schon die deutsche Gutmütigkeit, in der naiven
Meinung, alles Gedruckte müsse auch wahr sein, das
ultramontane Gaukelspiel mit den Worten Toleranz
und Intoleranz sich gefallen lassen.

Papst Leo XIII. hat es verstanden, durch eine rast=
lose Geschäftigkeit, πολυπραγμοσύνη könnte man es
heißen, die Schreibefinger der Journalisten nicht zur
Ruhe kommen zu lassen. Seit der Schlichtung, be=
ziehungsweise Sanktionierung der Karolinenfrage, seit
den Septennatsbriefen vollends kam ein Brief um den
andern, ein Telegramm und Gerücht nach dem andern
dahergeflogen. Jetzt hieß es, der Papst solle oder wolle
den Zwist zwischen Frankreich und Deutschland beilegen,
d. h. die Quadratur des Zirkels lösen. Dann ward
uns gemeldet, König Leopold hätte vom Papst verlangt,
er möchte auch in Belgien die störrische ultramontane
Volksvertretung für die Militärforderungen, für die
allgemeine Wehrpflicht umstimmen. Kurz darauf ward
angeblich im Vatikan die Bulgarenfrage studiert. Wie=

der war es die irische Frage, die Dämpfung der irischen Revolution, welche, von England erbeten, vom Papste in verschiedenen Anläufen (schon 1881) versucht, zu langen Erörterungen in den Zeitungen Veranlassung gab. Dann ward uns in wichtigthuerischen Spezial= telegrammen römischer Zeitungen versichert, der Papst sei mit dem Studium der sozialen Frage beschäftigt. Gutachten aus aller Herren Länder seien eingefor= dert. Für den September sei eine große Encyklika zu erwarten! Und endlich die Versöhnung mit Ita= lien! Der Papst möchte auch mit Italien auf einen guten Fuß kommen, hieß es. Und als Ströme von Tinte vergossen und das Interesse der Welt aufs Höchste gespannt war, da heißt es, der Papst wolle selbstverständlich den Kirchenstaat und die Souveränität über Rom als Friedensbedingung haben. Nie habe er den Frieden anders verstanden. Da enthüllt sich das Ganze als ein Fühler, wie weit man die italienische Regierung durch den Hinweis auf die preußische Nach= giebigkeit mürbe machen könne. Italien hat den päpst= lichen Werbungen gegenüber eine bewundernswerte, eine beneidenswerte Ruhe und Kaltblütigkeit bewahrt.

Gestehen wir es offen, wir sind durch die πολυπραγμοσύνη, die Vielgeschäftigkeit Leos recht sehr papst=

müde geworden. Wir haben wichtigeres zu thun, als
durch die Kommentare zu den zahlreichen Papstkund=
gebungen zu beweisen, daß das Papsttum immer das=
selbe bleibt und bleiben wird. Wir haben die christ=
lichen Ideen, Sittlichkeit und Vaterlandsliebe in unserm
Volk zu kräftigen und zu mehren, an seinem materiellen
Wohl zu arbeiten. Und dazu helfen uns die päpstlichen
Kundgebungen, diese moralphilosophischen und sozialpoli=
tischen Aufsätze und Abhandlungen nicht mehr und
nicht weniger, als die zahlreichen ähnlichen Broschüren,
die wir auch sonst schon haben.

Da nun aber das kommende Papstjubiläum bereits
begonnen hat, uns, auch uns Protestanten, mit pane=
gyrischen Papstjubiläumsschriften zu überschwemmen, da
sich nachgerade in weiten Kreisen jene Friedenspapst=
legende zu verfestigen beginnt, wird es notwendig
sein, jene Legendenbildung gründlich zu zerstören und
zu zeigen, welches die Stellung des Papstes Leo XIII.
zum Protestantismus von Anfang bis heute war und
geblieben ist. Wenn die protestantischen Leser dieser
Blätter zu der Überzeugung kommen, daß Leo dem
Protestantismus gegenüber nie ein Friedenspapst
gewesen ist, sondern allzeit unser grimmigster und unver=
söhnlichster Gegner, daß er ein Kampfesprogramm, eine

Anklage um die andere, eine schroffer und verletzender als die andere, gegen den Protestantismus geschleudert hat und die antiprotestantische Aktion des Katholizis= mus systematisch und mit Hochdruck betreibt, wenn der protestantische Leser, mag er freisinnig oder konservativ sein, sich mit Ernst und Entschiedenheit darauf be= sinnt: Was bin ich dem Papsttum gegenüber meiner protestantischen Kirche schuldig? — dann ist der Zweck nachstehender Zeilen erreicht.

Th. B.

I.

Wie man in Rom von jeher den Proteſtantismus angeſehen hat.

Leo XIII. hat in ſeiner erſten Encyklifa (21. April 1878) alle Verurteilungen, mit welchen ſeine Vor= gänger „und zuletzt noch Pius IX." die graſſierenden Irrtümer zurückgewieſen und gebrandmarkt (reprobare und confodere) haben, „beſtätigt und wiederholt." Die früheren Päpſte „und zuletzt noch Pius IX." ſehen aber im Proteſtantismus „nicht eine verſchiedene Form einer und derſelben wahren chriſtlichen Religion, in welcher man ebenſo wohl Gott gefallen kann, als in der katholiſchen Kirche", ſondern eine verdammliche Sekte (Syllabus § 18). Der Urheber des Proteſtan= tismus iſt nach der Meinung der römiſchen Kirche nicht Gott, ſondern der Satan. Über das ewige Heil derer, welche der römiſch=katholiſchen Kirche nicht an= gehören, darf man ſich keinerlei Hoffnung machen

(§ 17). Die Gewissensfreiheit wird von den Päpsten verdammt: „Es steht keineswegs dem Menschen frei, diejenige Religion anzunehmen und zu bekennen, welche er, vom Lichte der Vernunft geleitet, für wahr hält" (§ 15). Die römische Kirche hat ferner die Gewalt, Zwang anzuthun, sie hat direkte und indirekte zeit= liche Gewalt (§ 24), sie ist in Ausübung ihrer Voll= machten niemals an die Erlaubnis und Zustimmung einer Staatsregierung gebunden (§ 20) und hat daher in ihren Organen, den Päpsten und Konzilien, niemals die Grenzen ihrer Gewalt überschritten, niemals Rechte der Fürsten sich angemaßt (§ 23). Daher ist es durchaus zu verwerfen, wenn in katholischen Gegenden dem Ein= wanderer erlaubt sein soll, seinen eigenen Kultus öffent= lich auszuüben (§ 78), vielmehr muß angestrebt wer= den, daß die katholische Religion mit Ausschluß aller übrigen Kulte als einzige Staatsreligion gelten soll (§ 77).

Nach den Sätzen des Syllabus ist für die recht= liche Existenz der evangelischen Kirche kein Raum. Das ist auch bei den Vorberatungen des vatikanischen Kon= zils im Jahre 1870 (vgl. Friedrich, „Geschichte des vatikanischen Konzils" III, S. 759) in klarster für alle Welt sichtbarer Weise zu Tage getreten.

In einer dem Konzil gemachten Vorlage war in der Einleitung von den Anhängern der Reformation des 16. Jahrhunderts gesagt, sie hätten, „ohne die

Führung des Glaubens und sich selbst überlassen, jene
Ungeheuer von Meinungen und philosophischen Systemen,
Mythismus, Rationalismus und Indifferentismus her=
vorgebracht, welche zusammen den Naturalismus erzeug=
ten; dieser aber werfe die Geister in den Abgrund des
Pantheismus, Materialismus und Atheismus und ver=
nichte die Fundamente der menschlichen Gesellschaft."
Daran schloß sich die Klage, daß „die derart gestal=
tete gottlose Pest ungestraft passieren dürfe."
Bei der Diskussion über diese Vorlage protestierte der
Bischof Stroßmayer gegen die Behauptung, der Natu=
ralismus, Pantheismus u. s. w. seien Ausgeburten des
Protestantismus. „Die aufgezählten Irrtümer", be=
merkte er unter anderm, „werden nicht nur von uns,
sondern ebenso auch von den Protestanten verabscheut,
also daß sie auch uns Katholiken in deren Bekämpfung
und Widerlegung Beistand geleistet haben." Als er
im Anschlusse an diese Bemerkung die Verdienste von
Leibnitz hervorhob, erhob sich lautes Geschrei: Oh, oh!
und der präsidierende Kardinal de Angelis schellte und
sagte: „Hier ist nicht der Ort, Protestanten zu loben".
Stroßmayer fuhr fort: „An diese Männer, deren es
viele in Deutschland, England und Nordamerika giebt,
reiht sich eine Menge von Protestanten, auf welche alle
das Wort des großen Augustinus angewendet werden
kann: sie irren, aber sie irren in gutem Glauben" :c.

Hier neue lange Unterbrechung. Schellen mit der Glocke, dazwischen der Schrei: „Pfui, pfui! nieder mit dem Ketzer!"

In einer Versammlung der deutschen und öster= reichischen Minoritätsbischöfe sprachen sich alle dahin aus, daß jene Stelle über den Protestantismus in der Vorlage beseitigt werden müsse, und mehrere Bischöfe reichten einen Antrag in diesem Sinne ein. Auch der französische Bischof Dupanloup erklärte, die Minorität müsse gegen jene Stelle, wenn sie stehen bleibe, bei der Abstimmung ausdrücklich protestieren. — Mittlerweile hatte der preußische Gesandte nach Berlin berichtet und die Antwort erhalten: wenn der Ausdruck „Pest" stehen bleibe, so werde es sich fragen, ob dieser Vorgang nicht auf die Stellung des Vertreters eines protestantischen Königs in Rom Einfluß haben müsse; der Ausdruck sei eine schwere Beleidigung des Königs. Ob die Opposition der Minoritätsbischöfe oder die Vorstellung des Gesandten mehr Eindruck auf die Kurie gemacht hat, mag dahingestellt bleiben; jedenfalls wurde die Vorlage umgearbeitet und die beanstandete Stelle so modifiziert, daß sie auch von den Minoritätsbischöfen angenommen werden konnte. Wenn aber demgemäß die Stelle in ihrer ursprünglichen Fassung in den De= kreten des vatikanischen Konzils nicht steht, darf sie nach dem Gesagten gleichwohl als eine solche angesehen

werden, welche die in Rom und in kurialistischen Krei=
sen herrschende Anschauung über den Protestantismus
zum Ausdrucke bringt. Wir werden finden, daß von Papst Leo XIII. ähn=
liche Schmähurteile über den Protestantismus, wie die
obigen, in großer Zahl kundgegeben wurden und in den
deutschen Zeitungen die größte öffentliche Verbreitung
gefunden haben. Von der Absicht, um derselben willen
den diplomatischen Verkehr mit der Kurie abzubrechen,
hat man aber nichts mehr gehört. In den römischen
Katechismen ist der Ausdruck Pest übrigens, vom Pro=
testantismus gebraucht, ein sehr gewöhnlicher.

II.

Charakteristik Leos und seiner Encykliken.

Über die Gedankenwelt Leos werden wir schon
durch die Hirtenbriefe belehrt, welche er als Kardinal=
bischof von Perugia an seine Diözesanen ergehen ließ.
Er hat sich in denselben vollständig und ausdrücklich
mit den Anschauungen Pius' identifiziert und hat sich
zum Erklärer und Verteidiger der Syllabussätze ge=
macht. Wenn der französische Journalist Des Houx,
nachdem ihn Leo XIII. der Redaktion des „Journal
de Rome" enthoben hat, von seinem „intransigenten"

Standpunkt aus behauptete, jene schroffe, Pius-freund=
liche Haltung des Kardinals Pecci = Leo sei nur Maske
gewesen, um desto sicherer auf den Papstthron zu ge=
langen, so geht uns das nichts an. Wir beurteilen
Leo nach seinen offiziellen Kundgebungen. Wie sich Leo
zur Kirchenstaatsfrage verhalten, werden wir in einem
folgenden Kapitel sehen. Auch er stellt wie Pius der
modernen Kultur eine katholische Kultur entgegen und
hat noch in seinen zwei letzten Peruginer Hirtenbriefen
(1877 und 1878) auf diese wahre Kultur einen be=
geisterten Hymnus gesungen. Er nimmt hier für die
katholische Kirche die allergrößte Kulturfreund=
lichkeit in Anspruch. Kopernikus, Kepler, Galileo Ga=
lilei, Linné, Fontanelle, Volta, Faraday — alle werden
in diesem Kulturhymnus mit dem christlich=katholischen
Kultur=Lorbeer bekränzt. Die kulturhistorische Dichtung
Leos sieht dabei leider hinweg über jenes häßliche
Schriftstück, welches in der Hauptsache also lautet:

„Ich Galileo Galilei, Sohn des verstorbenen Vincenzo
Galilei zu Florenz, siebzig Jahre alt, persönlich vor Gericht ge=
stellt und knieend vor Euren Eminenzen, den hochwürdigsten
Herren Kardinälen, General=Inquisitoren gegen die Ketzerei
in der ganzen christlichen Welt, die heiligen Evangelien vor
Augen habend und mit den Händen sie berührend: Ich schwöre,
daß ich immer geglaubt habe (?), gegenwärtig glaube (?) und
mit Gottes Hilfe in Zukunft glauben werde (?), alles was
die heilige katholische apostolische römische Kirche zu glauben

vorstellt und lehrt. Aber weil mir das heilige Offizium von Rechts wegen durch Befehl aufgetragen hatte, daß ich jene falsche Meinung aufgeben solle, nach welcher die Sonne das Zentrum der Welt und unbeweglich, die Erde aber nicht Zentrum sei und sich bewege, und daß ich die benannte falsche Lehre weder festhalten noch verteidigen oder in irgend einer Weise schriftlich oder mündlich lehren dürfe; und weil ich, nachdem mir bedeutet worden war (Erster Prozeß!), die genannte Lehre stehe mit der heiligen Schrift in Widerspruch, ein Werk verfaßte, in welchem ich diese schon verdammte Lehre erörtere und Gründe von großem Gewicht zu ihren Gunsten vorbringe, ohne irgend eine abschließende Lösung hinzuzufügen, so bin ich demnach als der Ketzerei schwer verdächtig erachtet worden.

Da ich nun Euren Eminenzen und jedem katholischen Christen diesen mit Recht gegen mich gefaßten starken Verdacht benehmen möchte, so schwöre ich ab, verwünsche und verfluche mit aufrichtigem Herzen (!) und ungeheucheltem Glauben die genannten Ketzereien und Irrtümer. Auch schwöre ich, fernerhin weder mündlich noch schriftlich etwas zu sagen oder zu behaupten, was aufs neue einen ähnlichen Verdacht gegen mich wecken könnte. Ich werde vielmehr jeden Ketzer oder Ketzereiverdächtigen anzeigen.

Ich obengenannter Galileo Galilei habe abgeschworen, das mir zur Pflicht Gemachte zu halten gelobt und zur Beglaubigung dessen die vorliegende Urkunde meiner Abschwörung eigenhändig unterschrieben zu Rom im Minerva = (!) Kloster heute am 22. Juni 1633.

Ich, Galileo Galilei
habe diese Abschwörung wie oben mit eigener Hand
unterzeichnet."

18

(Derselbe Papst Urban VIII., der den Ketzerprozeß gegen den größten Geist des 17. Jahrhunderts anordnete, hat am 28. Juni 1631, neunundvierzig Tage nach Zerstörung Magdeburgs, an Kaiser Ferdinand II. einen solch blutdürstigen Glückwunschbrief geschrieben, daß der „Germania"=Redakteur Majunke von demselben sagte: das angebliche Breve enthalte so unflätige, in einem anständigen Blatt gar nicht wiederzugebende Beschimpfungen der Protestanten, daß man schon aus diesem Umstande dasselbe als ein von Anfang bis zu Ende erfundenes erachten müsse. — Es ist aber echt.)

Die katholische Kirche hat nicht bloß, soweit sie vermochte, jene Männer zum Schweigen gebracht, sondern erst am 10. Mai 1757 hat Papst Benedikt XIV. das Verbot aller Bücher, welche kopernikanische Lehren enthalten, aufgehoben und die speziell verbotenen Werke Galileis, Keplers und des Kopernikus wurden noch im Jahre 1819 unter der Liste verbotener Bücher aufgeführt. Erst 1835 enthielt der Neudruck des Index jene drei Namen nicht mehr, nachdem auf wiederholtes Drängen am 16. August 1820 einem römischen Astronomen Settele erlaubt wurde, kopernikanische Lehren in seinem Buch aufstellen zu dürfen und das Kardinalskollegium in einem am 25. September 1822 von Papst Pius VII. bestätigten Beschlusse das Dekret vom 5. März 1616 (erstmalige Verurteilung Galileis) aufgehoben · hatte. —

Kehren wir nun zu Leos Peruginer Hirtenbriefen
zurück. Hier werden also die genau zweihundert Jahre
lang von der katholischen Kirche verketzerten und verbo=
tenen Entdeckungen des Kopernikus, Kepler und Galilei
in den Lorbeerkranz katholischer Kulturfreundlichkeit einge=
flochten, obwohl die katholische Kirche noch heute genau
so, wie im Jahre 1616, die freie und voraussetzungs=
lose Wissenschaft verdammt!! Der Syllabus verdammt
§ 14 die voraussetzungslose Wissenschaft und schreibt
der Kirche in § 11 ausdrücklich das Recht von Zwangs=
maßregeln gegen die Philosophie zu.

Während nun Leo von der Kulturfreundlichkeit der
katholischen Kirche ein glänzendes Phantasiegemälde zeich=
net, entwirft er von der „modernen Kultur" sowie vom
Protestantismus ein abschreckendes Nachtgemälde.

„Die moderne Kultur verlange Theater, die jeden Ge=
schmackes und jeder Scham bar sind. Die moderne Kultur
verlange Beschränkung der Zahl der Kirchen und Religions=
diener und Vermehrung der Häuser der Sünde. (Wie viel
dereinstens die Päpste des XV. Jahrhunderts aus den
Häusern der Sünde in Rom Einkünfte bezogen, das steht
auf einem andern Blatt der Geschichte.) Im Namen der
Kultur räumt man dem schamlosesten Wucher, dem schimpf=
lichsten Gewinne jedes Hindernis aus dem Wege (während
die päpstliche Kultur des Mittelalters alles Zinsnehmen bei
Strafe der Exkommunikation den Christen verbot und damit
den Judenwucher geradezu großgezogen und die wirtschaft=
liche Entwickelung der abendländischen Welt auf Jahrhun=
2*

derte unterbunden hat, eine prächtige Doktoraufgabe für
einen der vielen „socialpolitischen" jungen Kapläne!);
im Namen der Kultur vergiftet eine unsittliche Presse das Ge=
müt (nach dem Urteil des Kirchenhistorikers Fr. X. Kraus
ist die ultramontane Presse zum großen Teil lieblos und
wahrheitswidrig!), beleidigt die zur Dirne gewordene
Kunst die Augen durch abscheuliche Bilder und bahnt dem
Verderben des Herzens den Weg."

Kardinalbischof Pecci verfällt damit in denselben
Irrtum, welchen er den modernen Gegnern der katho=
lischen Kirche zum Vorwurf macht: er konstruiert aus
den Auswüchsen der modernen Kultur ein Karrika=
turbild. Ebenso verfährt er mit dem Protestantismus,
über welchen er in einem andern Hirtenbriefe sagt:

„Man will Euern Sinn verderben mit dem pestilenzia=
lischesten Irrtum aller Irrtümer, mit dem Protestantismus.
Dieses dumme wetterwendische System ist hervorgegangen
aus Übermut und Gottlosigkeit."

Kardinal Pecci folgt damit nur den Meinungen des
römischen Dogmatikers Perrone, unter dessen Auspizien
er dereinst seine Studien machte. Der Jesuit Perrone,
die wissenschaftliche Lehrautorität des Jahrhunderts,
leitet den Ursprung des Protestantismus nicht von der
Gewissensnot der Christenheit über die eingerissenen
Mißbräuche, sondern von „der den Sinn betäubenden
Wollust" ab und spricht es dutzendemal aus, daß der
Protestantismus und seine Verbreiter in religiöser Hinsicht
eben das seien, was auf natürlichem Gebiet die Pest ist.

Es ist kein ästhetisches Bild, das wir für die Art des ersten Auftretens Papst Leos gebrauchen müssen, aber es ist um so bezeichnender. Mit Zuckerbrot und Peitsche hat er begonnen und seither die größten Erfolge erzielt. Derselbe Mann, der sich in seinem ersten Rundschreiben alle Proteste Pius' IX. gegen die ganze moderne Rechts= und Kulturentwickelung ausdrücklichst aneignet, der den Staatsgesetzen der ganzen modernen Welt ins Gesicht schlägt, indem er die Civilehe als „gesetzmäßiges Konkubinat" beschimpft, derselbe Mann schreibt sofort bei seinem Regierungsantritt freundliche, nach den Regeln der Diplomatie abgefaßte Schreiben an die Schweizerische Regierung, an den Kaiser von Rußland, an den deutschen Kaiser, und spricht überall= hin, selbst nach der Türkei, nach China und Japan, den Wunsch aus, in bessere Beziehungen zu den betref= fenden Ländern zu treten. Derselbe Mann, der in seinem Rundschreiben den Protestantismus aufs höchste beschimpft, schreibt unserm Kaiser, unserm Reichs= kanzler die liebenswürdigsten Geburtstags= und Gratu= lationsbriefe. Derselbe Mann, welcher, fünfmal klüger und doppelt so thatkräftig als Pius IX., den gesamten Katholizismus zum Kampfe gegen die moderne Kultur= welt und gegen den Protestantismus organisiert, hat es erreicht, daß er schier überall als Friedenspapst gilt, daß diejenigen, welche zur Gegenwehr aufrufen und

sammeln, als Friedensstörer bei ihren eigenen Kon=
fessionsgenossen verschrieen worden sind!! Was würden
wir dem Privatmanne sagen, welcher unsere heiligsten
Überzeugungen auf den Satan, auf Lug und Trug
zurückführen und in der nächsten halben Stunde mit
einem Gratulationsstrauß an unserer Thüre erscheinen
würde?! Was würden wir auf seine Erklärung ant=
worten, wenn er die „vom Teufel herstammende",
„nichtswürdige", „pestilenzialische" Überzeugung fein
säuberlich von unserer Person trennen wollte?! Eben=
dieselbe Antwort, welche wir einem solchen Privatmann
geben müßten, gehört auch dem Papst Leo. Warum
ihm diese Antwort bis jetzt noch nicht zu Teil gewor=
den ist, davon später.

Das Schema der päpstlichen Rundschreiben.

In jener Gegenüberstellung der mittelalterlich päpst=
lichen Kultur einerseits und der karrikierten, modernen
und protestantischen Welt andererseits haben wir das
einfache Schema, nach welchem die Rundschreiben Leos
alle gearbeitet sind. Das Mittelalter war in jeder
Beziehung eine Idealzeit. Da waltete das Papsttum
väterlich über den Königen und Völkern. Es schuf
das heilige römische Reich. Der Staat verwaltete die
leibliche Sphäre, die Kirche die geistig=seelische. Zwischen
den Ständen war durchaus normales Gleichgewicht und

sozialer Friede. Von Revolution wußte man vor dem
16. Jahrhundert nichts. Kunst, Kultur, Wissenschaft
und wirtschaftlicher Wohlstand blühte. Nun kam jene
politisch=sozial=kirchliche Revolution des 16. Jahrhun=
derts, welche diesen Paradieseszuständen ein grelles,
schnelles Ende bereitete, alle Geister des Umsturzes, der
Revolution entfesselte und die Welt vollends dem Ruin
entgegenführen wird, wenn man nicht endlich den
Kampf gegen die katholische Kirche einstellen, ihr völlig
schrankenlose Freiheit zugestehen und schließlich — zu
ihr zurückkehren wird.

Also kräftigste Anklagen gegen die Reformation,
den Protestantismus, und enthusiastische Lobeserhebungen,
energischeindringliche Anpreisungen des Katholizismus
für alle erdenklichen Schäden, vor allem für die Lösung
der sozialen Frage. So muß ein Papst reden. Es
versteht sich das von selbst.

Das Mittelalter zeigt in Wirklichkeit aber mehr
Revolutionen und gewaltsame Umwälzungen, als jede
spätere Zeit. Der alte fränkisch=deutsche National=
staat mit seiner Gauverfassung und seinem allgemeinen
Unterthanenverband hat sich unter den furchtbarsten Er=
schütterungen in jene lächerliche Karrikatur des Lehens=
staates verwandelt, d. h. in die teils nackte, teils
mühsam verhüllte Anarchie, welche aus der Usurpierung
der kaiserlich=staatlichen Rechte und Funktionen durch

die weltliche und geistliche Aristokratie entstanden ist.
Der freie Bauernstand ging unter und fiel eben jener
Aristokratie zum Opfer. Vom 13. bis 16. Jahrhun=
dert haben wir unzählige Bürgerkriege, Fehden, überall
Selbsthilfe, Anarchie. Nur in den Städterepubliken
(in dem Schattenkaiserreich Städterepubliken!!) pul=
sierte noch das geistige Leben jener früheren Zeit weiter,
welches uns, geweckt durch den kraftvollen Nationalstaat,
eine edle, aber auch rasch verschwindende Litteratur=
blüte im Hohenstaufenzeitalter gebracht hatte.

Für den Papst aber ist das Mittelalter die glorreiche
Zeit seiner Universalherrschaft. Darum muß der Papst
ein Lobredner des Mittelalters sein, darum sieht er in
seinem Phantasiebilde des Mittelalters über die furcht=
baren Abgründe weg, von welchen jene Zeit durchsetzt
ist. Welcher Abgrund trennt uns von dieser päpstlichen
Auffassung des Mittelalters! Wir sehen im Mittelalter die
Zeit, in welcher die Priesterherrschaft nach und nach jedes
sie in Schranken haltende Gegengewicht, vor allem den selb=
ständigen Staat beseitigt, den Kaiser, der ursprünglich bei
der Papstwahl den entscheidenden Ausschlag gegeben, zum
homo, zum Lehens=Vasallen des Papstkönigs erniedrigt
hat, die Zeit, in welcher die „frei" gewordene Hierarchie
als geistigpolitische Despotie auf dem christlichen Abend=
land lastete, kurz und gut die Zeit, welche uns zumal
an dem tragischen Schicksal des deutschen Staates für

alle Zeiten lehrt, daß eine im römischen Sinne „frei"
gewordene Priesterdespotie noch weit schlimmer ist für
die Welt, als eine politische Despotie. Darum ist der
Gegensatz, in welchem wir zum Papsttum stehen, ein
keineswegs blos religiöser, sondern ebenso sehr ein po=
litischer, staatlicher, patriotischer.

Verfolgen wir nun im einzelnen, wie sich jene
Anschauungen des Papstes in seinen Worten und Tha=
ten wiederspiegeln.

III.

Leos Urteile über den Protestantismus.

a) Schon in seinem ersten Rundschreiben vom
21. April 1878 vergleicht Leo „jene glückseligen Jahr=
hunderte, in welchen die (katholische) Kirche wie eine
Mutter von den Völkern verehrt wurde, mit unserer
an Stürmen und Umwälzungen so reichen, geradezu
dem Verderben entgegeneilenden Zeit" und findet selbst=
verständlich die Wurzel alles Übels darin, daß man die
Autorität der katholischen Kirche zurückgewiesen, ihre
freie Thätigkeit unterbunden hat.

Schon in dieser ersten Encyklika Leos erkennen
wir ferner die echt=katholische Anschauung, nach welcher
auf sittlichem Gebiet nur die Kirche, d. h. der Klerus,

die Hierarchie, der Papst aktiv gebend und selbständig sein soll; die übrige Welt muß sich, ohne irgend eigene selbständige sittlich=religiöse Kräfte zu haben, erst von der „Kirche" sittlich durchwirken lassen, um überhaupt ein sittlicher Faktor zu werden. b) Am 28. Dezember 1878 hat Papst Leo die sozialistische, kommunistische und nihilistische Bewegung zum Gegenstand eines Rundschreibens ge= macht. Während nun das ganze Mittelalter kommu= nistische Lehren in den verschiedensten Formen kannte und speziell der von Papst Leo XIII. wie von vielen früheren Päpsten zum katholischen Musterphilosophen deklarierte Scholastiker Thomas von Aquino kommuni= stische Lehren vorträgt und das Eigentum als not= wendiges Übel, als Folge der Sünde bezeichnet, den Kommunismus des paradiesischen Urzustandes aber als Idealbild sozialer Zustände schildert, hat Leo die Schuld am Sozialismus, Kommunismus und Nihilismus der Reformation aufzubürden gesucht:

„Diese Verwegenheit gewissenloser Menschen, welche von Tag zu Tag die bürgerliche Gesellschaft mit immer größerem Verderben bedroht, hat ihren Grund und Ursprung in je= nen giftbringenden Lehren, welche vordem einem bösen Samen gleich unter die Völker ausgestreut wurden, und nun zu ihrer Zeit solche totbringenden Früchte getragen haben. Denn ihr wißt, daß der erbitterte Kampf, der seit Beginn des 16. Jahrhunderts von den Neuerern gegen die

katholische Kirche begonnen wurde, und der bis jetzt immer
heftiger entbrannt ist, keinen andern Zweck hat, als daß nach
Abwerfung jeder Offenbarung und Zerstörung jeder über=
natürlichen Ordnung die Erfindungen der Vernunft allein
oder vielmehr deren Verirrungen zur Herrschaft gelangen."
Nachdem Leo die Gefahren des Sozialismus gezeichnet,
heißt es: „Wir haben Fürsten und Völker, die da von ei=
nem wütenden Sturme umhergeworfen werden, auf den
schützenden Hafen hingewiesen, in dem sie sich bergen
mögen; jetzt durch die äußerste Gefahr, die bevorsteht, be=
wogen, erheben Wir wiederum vor ihnen Unsere Apostolische
Stimme, und bei ihrem eigenen und der Gesellschaft Heile
bitten Wir sie wiederholt und beschwören Wir sie, daß sie
die Kirche, die so herrliche Verdienste um die Wohlfahrt der
Reiche hat, als Lehrerin aufnehmen und hören mö=
gen ..."
Mit anderen Worten: Rückkehr zur römischen Kirche
ist das Universalmittel gegen alle sozialen und politischen
Gefahren. Aus einer andern Tonart lautete derselbe
Gedanke im päpstlichen Leibblatt Osservatore Romano
am 27. Februar 1879:
„Leider ist das Herz gewisser Pharaonen verhärtet, und
weder Flintenschüsse noch Dolchstöße (König Humbert), welche
gegen ihr Leben gerichtet wurden, konnten sie bisher über=
reden, der Kirche volle Freiheit des Handelns zu geben.
Mögen sie sich vor den Fluten des roten Meeres hüten!"
Am 1. Februar 1879 hatte dasselbe Blatt gleich=
falls offen den Protestantismus als Vater der Sozial=
demokratie bezeichnet.

c) Auch an dem Zerfall und Radikalismus der Philosophie ist nur die Reformation schuld. Dies erfahren wir in der Encyklika vom 4. August 1879, welche den Scholastiker Thomas von Aquino zum Kirchenlehrer aufs neue der katholischen Wissenschaft vorschreibt und zum Universalpatron aller katholischen Universitäten, Lyceen und Gymnasien ernennt. Wäh= rend alles wohl stand, so lange die aristotelische Scho= lastik nichts anderes, als die gehorsamste Verteidigung jeder einzelnen katholischen Lehre für ihre Aufgabe ansah,

„trat an die Stelle der alten Schule hier und da eine neue Methode zu philosophieren, die jedoch nicht die erwünschten und heilsamen Früchte trug, welche die Kirche und selbst die bürgerliche Gesellschaft gerne gesehen hätte. Infolge der Be= strebungen der Neuerer des 16. Jahrhunderts liebte man es zu philosophieren ohne jede Rücksicht auf den Glauben, indem man sich die Freiheit wechselseitig herausnahm und gewährte, alles Beliebige nach Willkür und Gutdünken vorzubringen."

Ungesunde Vervielfältigung der philosophischen Sy= steme (welche aber auch in der alten Kirche von Ori= genes bis auf Skotus Erigena und Thomas von Aquino bekanntlich die größte Mannigfaltigkeit aufweisen), eine wankende und oberflächliche Philosophie sei die Folge gewesen. Höchst unangenehm fällt auch hier auf, daß Leo die gegnerischen philosophischen Überzeugungen „Kunstgriffe und Arglist trügerischer Weisheit" (machinationibus et astu fallacis cujusdam sapientiae) und Gift verderblicher Meinungen (pestem perversa- . rum opinionum) nennt.

„Zwischen den gewissen und feststehenden Sätzen der neuern Naturwissenschaft und den philosophischen Grund- sätzen der Scholastik besteht kein eigentlicher Gegensatz; man macht ihr höchst ungerechterweise den Vorwurf, als ob sie dem Fortschritt der Naturwissenschaften entgegen sei. Im Gegenteil, diese modernen Wissenschaften werden durch die Wiederherstellung der Philosophie des Mittelalters sehr viel gewinnen."

Um nun diese Sätze Leos zu illustrieren, erinnern wir daran, wie die katholische Kirche zwei Jahrhunderte lang, d. h. gerade über die hochbedeutsame Pe- riode, welche die ganze moderne Wissenschaft begründete, jene drei: Kopernikus, Kepler, Ga- lilei im Banne hielt, und ferner daran, mit welchen Gründen die aristotelisch-thomistische Weltanschauung sich gegen Galilei's Neuerungen zu verteidigen suchte.

Ein im Jahr 1633 erschienenes, dem Kardinal Barberini, einem Verwandten Urbans III., gewidmetes, gegen die neue physikalisch-astronomische Weltanschauung gerichtetes Buch enthält folgende Beweisgründe gegen die Annahme einer doppelten Erdbewegung:

„Die Tiere, die sich bewegen, haben Glieder. Die Erde hat keine Glieder. Also bewegt sie sich nicht.

Engel sind es, welche den Saturn, den Jupiter, die Sonne 2c. in Umlauf bringen.

Wenn die Erde kreist, so muß sie also in ihrem Mittel=
punkt auch einen Engel haben, der sie in Bewegung setzt.
Aber dort wohnen nur Teufel. Es wäre also ein Teufel,
der im Erdinnern, in der Hölle die Erde in Bewegung
setzen würde.

Die Planeten, die Sonne, die Fixsterne, gehören alle
einer Gattung, derjenigen der Gestirne, an, also bewegen
sich entweder alle, oder alle stehen stille. Es erscheint als ein schweres Unrecht, unter die Him=
melskörper, welche reine und göttliche Wesen sind, die Erde
zu versetzen, welche sich als eine Schmutzgrube unreinster
Dinge erweist.

Dies eine Probe von scholastisch=astronomischer Be=
weisführung.

Wenn nun dagegen der Protestantismus im Ver=
lauf seiner Entwicklung von Baco bis auf Leibnitz und
Kant fortschreitend eine Mannigfaltigkeit der Systeme
möglich gemacht und die starre Herrschaft des mittel=
alterlichen Dogma über das weite Reich der Geistes=
und Naturwissenschaften gebrochen hat, wie Leo an=
klagend bemerkt, so ist dies vielmehr ein Ruhm für
den Protestantismus, welchen derselbe auch wirklich
für sich in Anspruch nehmen darf, mag immerhin im
einzelnen auch auf protestantischem Gebiet manche Be=
einträchtigung und Hintanhaltung der freien Wissen=
schaftsentwickelung vorgekommen sein.

d) In der Ehe=Encyklika vom 20. Februar
1880 führt Leo die falschen Ehebegriffe neuerer Zeit

auf die von ihm schon früher verworfene neue Philo=
sophie und damit nach seiner Meinung auf die Refor=
mation zurück. Die Laxheit des protestantischen Ehe=
begriffs, welcher eine Scheidung der Ehe zuläßt, wird
scharf verdammt. Leo verurteilt die „abscheuliche Hä=
resie" der protestantischen Ehescheidung und „die bei
den Griechen gebräuchliche Ehetrennung". Dem gegen=
über wird in überschwänglichen Lobsprüchen gepriesen,
was die römische Kirche auch in der Ehefrage ge=
leistet habe.

Wenn man nun vom Christentum sagen muß,
es hat die Ehe auf eine viel höhere sittliche Stufe er=
hoben, so gilt das noch lange nicht vom Romanis=
mus. Die römischen Lobredner, auch Leo XIII.,
stellen die Sache immer so dar, als wären die germa=
nischen Völker eine tabula rasa (unbeschriebene Tafel)
gewesen, eine völlig indifferente kulturlose Masse, welche
durch die römische Kirche allein versittlicht, ethisiert und
civilisiert worden sei. Sie übersehen vollständig, daß die
staatliche und soziale Kultur des römischen Altertums
parallel mit dem Christentum das Frankenreich zi=
vilisierte und in Karl dem Großen eine bewundernswerte
Höhe der Entwickelung und Einheit mit der christlichen
Parallelströmung erreicht hat. Der zweite große Irrtum
ist der, daß völlig die sittliche Naturmitgift, das
sittliche Kapital übersehen wird, welches unsere germa=

nischen Vorfahren besessen haben, ehe sie christianisiert, d. h. genauer gesagt romanisiert worden sind. Um nun das römische Selbstlob auf das richtige Maß zurückzuführen, gibt es gerade auf sittlichem Gebiet kein sicheres Mittel als die Frage, die wir nun erörtern wollen. Die Sittenreinheit der altheidnischen Germanen ist aus des römischen Geschichtsschreibers Tacitus Schilderungen bekannt. Wer jene Schilderungen für Idealisierung hält, den können wir unter anderm darauf hinweisen, daß noch die Vandalen, als sie 429 nach Afrika zogen, den dortigen römischen Christen von den Bischöfen als Muster von Sittenreinheit vorgehalten wurden! Die Vandalen, die wildesten der Germanen! Bei den alten Sachsen wurde der Ehebrecher im Sumpf erstickt! Aus welchem Sumpf von Verkommenheit haben dann unsere deutschen Heldenkaiser das Papsttum im 9. und 10. Jahrhundert errettet und in welchen Sumpf ist das durch Gregor VII. vom Kaisertum „befreite" Papsttum kurz darauf im 14. und 15. Jahrhundert wieder versunken! Man wird aus Notwehr jene ganze Verdorbenheit der römischen Kirche wieder zur Darstellung bringen müssen, nachdem man römischerseits wieder die Reformation als eine Emanzipation des Fleisches darzustellen liebt und auf die „Wollust eines entlaufenen Mönches" zurückführt. Um die sittlichen Zustände jener Periode zu kennzeichnen, geben wir hier

nur einen kleinen Ausschnitt aus einer einzigen deut=
schen Diözese, dem wir viele hunderte anfügen können
und nötigenfalls werden.

1478 ermahnt Bischof Ludwig von Speier den Klerus
seiner Diözese besonders das Laster des Konkubinates zu
meiden: er erneuerte die alten Pönalgesetze gegen denselben
und erließ hierüber weitläufige Verfügungen. Auf der Ju=
bilate= und Martinisynode 1479 wiederholt Ludwig die Ver=
ordnungen und setzte auch hohe Geldstrafen an. Ebenso in
den Synoden 1480, 1481 und 1482. Im Ausschreiben zu letzt=
genannter Synode sagt er: obgleich er selbst schreckliche Stra=
fen gegen den Konkubinat der Priester in Stadt und Diözese
Speier verordnet habe, so sei doch ein so starkes und häu=
figes Geschrei zu ihm gelangt, daß viele in Stadt und Diö=
zese so öffentlich und ohne Scheu sich verdächtige Weiber
und Konkubinen hielten, und ein so ärgerliches Leben führ=
ten, daß die Laien sich nicht bloß ärgerten, sondern ihrem
Beispiele folgten ꝛc. Er gebot daher den Klerikalen inner=
halb vierzehn Tagen die Konkubinen zu entlassen. Klagen,
Beschwörungen, Gesetze fruchteten nichts. Ludwig wieder=
holte sie in den beiden Synoden der Jahre 1483, 1484,
1485, 1486, 1487, 1488 und 1489. In der Martinisynode
1488 war besonders von der Beichte der Weiber die Rede
und diesen befohlen, sich nicht vor das Gesicht des Geist=
lichen, sondern an dessen Seite zu stellen. In der Jubilate=
synode 1489 wurde den Geistlichen geboten, ihre Kinder
nicht bei sich in ihren Häusern zu haben und nicht mit ihnen
umzugehen. (In anderen Diözesen wurde dagegen angekämpft,
daß die Geistlichen nicht mehr ihren Söhnen ihre Pfründen
vererben, und die Namen ihrer Kinder nicht mehr auf ihren

Grabsteinen mit anschreiben lassen sollten.) Die Synodalakten von 1490 und 1491 fehlen. In den Synoden des Jahres 1492, in einer des Jahres 1493, in den beiden des Jahres 1494, in je einer der Jahre 1495 und 1496, in den beiden Synoden der Jahre 1497 — 1503 klagt Ludwig stets von neuem über die Unzucht des Klerus. Im Konvent des Jahres 1504 erklärt Ludwig, er habe die Verordnungen gegen die Unkeuschheit, die Hurerei, den Konkubinat und das liederliche Leben der Geistlichen denselben schon so oft vor= gehalten und die Strafen eingeschärft, daß die Steine, die Säulen, die Wände schreien könnten 2c. Sein Nachfolger, Philipp von Rosenberg, erneuert 1504 und 1505 dieselben Klagen. Er klagt über die Verworfenheit des Klerus, wel= cher auf die angedrohten Kirchenstrafen weit weniger achte, als die Laien. 1505 muß er das Murren seines Klerus vernehmen, daß bloß im Bistum Speier die Unzucht eine Sünde sei, und daß bisher bloß diejenigen, welche die Un= zucht mäßig betrieben hätten, gestraft, diejenigen aber, welche mit argen und schweren Verbrechen behaftet wären, entwe= der ganz ungestraft geblieben oder nur mäßig gezüchtigt wor= den seien u. s. w.

Ähnliches wiederholt sich auf allen Synoden der Jahre 1505—1512. 1513 während der Erledigung des Bistums dieselben Klagen vom Domdechanten und Kapitel. Der neue Bischof Georg schildert Martini 1513 die greulichen Sitten seines Klerus und ergreift dieselben erfolglosen Maßregeln gegen das eingewurzelte Übel 1514, 1515 und 1516.

Ein Brief des im Jahre 1464 verstorbenen Papstes Pius II. verdient es, aus vielen anderen Zeugnissen päpst= licher Verdorbenheit des 14. und 15. Jahrhunderts heraus= gehoben zu werden. Er ist gerichtet an einen Freund, den

Priester Johann Frunt und lautet: „Du wirst freilich sagen:
sehet, wie streng ist doch Aeneas. Jetzt preist er mir die
Keuschheit und ganz anders redete er zu mir in Wien und
in Neustadt. (Er hatte ihm im ersten Teil des Briefes ge=
raten, das ganze weibliche Geschlecht wie die Pest, wie den
Teufel zu fliehen.) Es ist wahr, aber die Jahre nehmen
ab. Der Tod rückt heran. Elend ist der Mensch, und der
Gnade Gottes verlustig, der nicht zuweilen in sein Inneres
einkehrt, nicht sein Leben bessert und nicht an das denkt,
was er in dem zukünftigen Leben sein wird. Ich muß be=
kennen: ich habe es satt und überdrüssig. Die Venus ekelt
mich an. Freilich nehmen auch die Kräfte ab. Mein Haar
ist grau. Meine Nerven sind ausgetrocknet. Mein Gebein
ist morsch und mein Körper übersät mit Runzeln. Ich kann
keinem Weibe zur Lust dienen und keine mir. Von nun an
diene ich mehr dem Bacchus als der Venus. Der Wein
ernährt m'ch, erfreut und ergötzt mich und macht mich selig.
Dieser Saft wird mir bis zum Tode süß sein. Wahr ist es, mich
flieht mehr die Venus, als ich sie." So schrieb ein Kardinal
und nachmaliger Papst. Seine aller Welt bekannten Kinder
waren kein Hindernis für die Erhebung auf den Papststuhl.

Keime zur Besserung waren freilich genug
vorhanden, weil eben das Volk besser war als
seine Klerisei, besser als das ganze römische Kir=
chensystem. Auf diese Keime stützt sich dermalen die
Janssensche Geschichtsdarstellung, indem sie alles was
überhaupt im Mittelalter gut war, in jämmerlicher
Selbsttäuschung für das Kirchensystem in Anspruch
nimmt.

Bedenkt man nun aber, daß einer solchen Priester=
schaft das arme Volk bei Todsünde verpflichtet war,
seinen innersten Herzenszustand zu eröffnen und alle
Sünden. zu beichten, so vermag man die Frage
zu beantworten, ob der Romanismus das alte
sittliche Erbgut der germanischen Völker ge=
mehrt, erhalten oder gemindert hat, und ob die
christlichen Völker, nachdem die Reformkonzilien des
15. Jahrhunderts wohl das moralische Ungeheuer eines
Papstes Johann XXIII.*) abgesetzt, aber keinerlei dau=
ernde Besserung gebracht hatten, nicht endlich nach wei=
term hundertjährigem Zuwarten das Recht und die
Pflicht hatten, eine Reform durchzusetzen von
Gemeinde= und Staatswegen, mochte die verdor=
bene Klerisei wollen oder nicht!

Durch solche Erwägungen muß das von Leo XIII.
in seiner Eheencyklika vom 20. Februar 1880 gesagte
modifiziert werden.

e) Der römische Haß trifft kaum eine protestantische
Institution so stark, wie die protestantischen Mis=
sionen. Es rührt dies vor allem daher, weil die

---

*) Das Schicksal dieses Johann ist für jene Zeit be=
zeichnend. Siebzig Anklagepunkte wurden in Konstanz gegen
ihn vorgebracht, zwanzig davon so abscheulich, daß sie nicht
verlesen werden konnten. Johann erhielt aber von dem
Papst Martin V. doch wieder eine bedeutende Prälatur.

jüngere protestantische Mission verhältnismäßig größere
Erfolge hat, als die weit älteren römischen Missionen.
Denn bekanntlich sind die römischen Massenbekehrungen
früherer Jahrhunderte in Afrika und Asien fast spur=
los wieder verschwunden. D. Warneck, dessen Werk,
„Protestantische Beleuchtung der römischen Angriffe auf
die evangelische Heidenmission". (Gütersloh, Bertelsmann)
wir auch bei diesem Anlaß aufs angelegentlichste em=
pfehlen, berechnet die beiderseitigen Missionsresultate in
diesem Jahrhundert, wie folgt:

	Katholische Mission.	Evangelische Mission.
Afrika	268700	577600
Asien	2000000	700000
Ozeanien	55000	280000
Amerika	330000	688000
Summa:	2653700	2245600

Er bemerkt dazu: „Ich muß gestehen, daß mich die=
ses Resultat überrascht hat. Bei der imponierenden ein=
heitlichen Leitung der römischen Mission, ihrer größern
Arbeiterschar, ihrer geschwinden Aufnahme großer Massen
in die Kirche und dem eminenten Vorteil, den ihre mehr=
hundertjährige Vorarbeit vor der unsern ihr verleiht,
hätte ich geglaubt, daß das numerische Übergewicht
auf der römischen Seite ein viel größeres sein müßte.
Lassen wir Asien außer Betracht, wo wesentlich die aus
der älteren Missionsperiode stammenden und durch Ge=

burt sich vermehrenden indischen und chinesischen (incl.
kochinkinischen und tonkinischen) Christen die römische
Statistik anschwellen, so ist sonst überall die evangelische
Mission im Vorsprung."

Es ist demnach begreiflich, wenn der Haß des Papstes
gegen den Protestantismus in seiner Missionsency=
klika (3. Dezembers 1880) in ganz besonders starken
Schmähungen zum Ausdruck kommt. Da heißt es von
den protestantischen Missionaren: „Oft treten nämlich
Männer voll Trugs, Verbreiter von Irrtümern auf
unter dem Vorgeben (simulant), Apostel Christi zu sein
und mit menschlichen Hilfsmitteln reichlich versehen (ein
Armut gelobender Mönch ist meines Wissens noch
selten Hungers gestorben!) kommen sie der Thätigkeit
der katholischen Priester zuvor, schleichen sich an deren
Stelle, wenn diese gerade mangeln oder richten ihnen
gegenüber ihre Lehrstühle auf ... Ach daß sie doch mit
ihren Künsten keine Erfolge erlangen möchten." Leo
schließt mit den Worten: „Wir hegen das feste Ver=
trauen, daß die Katholiken ihren Eifer in der Aus=
breitung des Reiches Christi nicht besiegen lassen durch
die Rührigkeit und den Fleiß derer, welche bestrebt sind
(nituntur), die Herrschaft des Reiches der Finster=
nis zu verbreiten."

Wenn der Papst unsere Kirche (natürlich streng
nach den fanatischen Begriffen seiner Kirche) vom Teufel

herleitet, so darf man sich über den Ton der katho=
lischen Polemik nicht wundern. Vielmehr ist die ehr=
abschneidende ultramontane Presse nach dem Beispiel
ihres Oberhauptes ganz im Recht, über die schlechten
Missionserfolge der „gemästeten englischen Bonzen" (d. h.
der englischen Missionare) sich zu moquieren. Ja sie
ist noch im Recht, wenn sie diese protestantischen „Teufels=
apostel", falls sie auf die Schmähungen des römischen
Oberpriesters die Antwort erteilen, die ihm gebührt,
als konfessionelle Hetzer an den Pranger stellt!

f) In der (aus Anlaß der Ermordung des russi=
schen Kaisers) am 29. Juni 1881 gegen den So=
zialismus und Nihilismus erlassenen Ency=
klika leitet Leo schon in der Einleitung alle Empörungen
und revolutionären Bewegungen von der Auflehnung
gegen die Autorität der katholischen Kirche her. „War
es auch nicht möglich, die staatliche Gewalt aus der
bürgerlichen Gesellschaft vollständig zu entfernen, so
suchte man alle Mittel aufzubieten, um ihre Bedeutung
zu schwächen und ihre Majestät zu verringern, und es
geschah dies ganz besonders im 16. Jahrhundert,
als eine unselige Sucht nach neuen Meinungen so viele
bethörte."

Nach der „Schöpfung des heiligen römischen Reiches
durch die römischen Päpste" herrschten geradezu ideale
Zustände.

„Wenn die Völker sich zu Ausschreitungen hinreißen ließen, war die Kirche nahe, um den Frieden zu vermitteln, indem sie einen jeden an seine Pflicht erinnerte und die auf= rührerischen Leidenschaften teils in Güte, teils durch ihr Machtgebot zum Schweigen brachte. Ebenso, wenn die Fürsten in der Regierung sich Fehler zu Schulden kommen ließen, wandte sie selbst sich an die Fürsten, setzte die Rechte, Bedürfnisse, gerechten Wünsche der Völker vor ihnen aus= einander und riet zu einem billigen Vorgehen, zu Milde und Güte. So wurde vielfach erreicht, daß die Gefahr entstehen= der Empörungen und Bürgerkriege beseitigt wurde."

Die römische Kirche hat bekanntlich bei den un= erhört zahlreichen Bürgerkriegen, Gegenkönigen, Revo= lutionen im „heiligen römischen Reich" des Mittelalters nur zu oft eine ganz andere Rolle gespielt, als Leo meint. Die Päpste, im Bund mit der weltlichen und geistlichen Aristokratie, haben das mittelalterliche deutsche Kaiserreich vernichtet. Um das fadenscheinige solcher Po= lemik gegen den Protestantismus darzuthun, braucht man nicht einmal an die vielen Empörungen zu erin= nern, welche die katholische Kirche in übel verstandener und gewaltthätiger Nachahmung der alttestamentlichen Tragödie Samuel=David=Saul — direkt angestiftet hat, an Gregor VII., der den Ursprung der weltlichen Ge= walt auf den Satan selbst zurückführt, man braucht nur an den Widerspruch zu erinnern, wie die „Neuerer des 16. Jahrhunderts" das eine Mal als die „Urheber des

blinden Unterthanengehorfams" und „Byzantinismus"
verklagt werden — wenn gerade sich die katholischen
Polemiker in den roten Mantel der Demokratie zu
hüllen lieben und die „Freisinnigen" zu ködern suchen;
das andere Mal, wie gerade hier von Leo XIII., wenn
sich der Katholizismus als Stütze der wankenden Throne
empfiehlt, werden dieselben Neuerer als die alles um=
stürzenden Empörer gebrandmarkt!!

„Dagegen haben die von den Neuern erfundenen Theo=
rien bereits die bittersten Früchte getragen und es ist zu
fürchten, daß sie noch das äußerste Unglück bringen werden."
„In der That folgten auf die sogenannte Reformation, be=
sonders in Deutschland, alsbald Unruhen und höchst ver=
wegene Empörungen, als deren Führer und Förderer die
geistliche und weltliche Gewalt durch ihre neuen Theorien
in ihrem tiefsten Grunde bekämpft hatten, und so sehr wütete
der Bürgerkrieg mit Feuer und Schwert, daß fast kein Ort
von blutigen Unruhen verschont blieb."

Nach Leos Meinung hätten demnach die in allem,
nur nicht in Gewissensfachen dem Kaiser unter=
thänigen Fürsten vom Schmalkaldischen Bunde ihre
Überzeugung preisgeben oder sich und ihre Unterthanen
vom Kaiser wehrlos überfallen lassen. Wir be=
klagen nur das eine, daß sie in jenem Krieg nicht mehr
Einigkeit und Energie bewiesen haben, denn dann wäre
uns der dreißigjährige Krieg und vieles andere Elend
erspart geblieben.

„Jener Ketzerei entstammte", fährt Leo fort, „im vori=
gen Jahrhundert eine fälschlich sogenannte Philosophie und
das sogenannte moderne Recht, sowie die Volkssouveränetät
und eine alles Maß überschreitende Zügellosigkeit, worin
allein viele das Wesen der Freiheit sehen. Von hier war
nur noch ein Schritt zu den verderblichen Irrtümern des
Kommunismus, des Sozialismus und Nihilismus, diesen
entsetzlichen Vorzeichen und nahezu Todesboten der bürger=
lichen Gesellschaft."

„Den Fürsten stehen in solchen Gefahren trotz Gesetzen
und Polizeigewalt keine hinlänglich ausreichenden Mittel zu
Gebot, um die staatliche Ordnung wiederherzustellen ꝛc."

„Nur die Religion vermag in höchster Weise mit ihrem
Einfluß zu helfen, indem sie die Gemüter durchdringt . . ."

„Deßwegen müssen wir bekennen, daß die römischen Päpste
dem Gemeinwesen vortreffliche Dienste dadurch erwiesen haben,
daß sie immer Sorge trugen, die unruhigen und stets gäh=
renden Geister der Neuerer zu brechen."

Aber frei wirken lassen muß man die Kirche; alle
Gesetze, welche ihr seither staatliche Fesseln angelegt
haben, muß man wegnehmen. Das ist der praktische
Schluß, zu welchem Leo dann, wie immer, so auch hier
gelangt.

g) Den Dr. Luther nennte Papst Leo im Jahre
1884, im Anschluß an die Lutherfeier, den „Häresi=
archen und ruchlosen Apostaten", auch hier wiederum
die von der eigenen abweichende fremde Überzeugung
beschimpfend. Es ist das gut römisch. Und wir bür=

fen uns barum nicht wundern, daß in einem von Papst
Leo XIII. ausdrücklich belobten Werke des von Papst
Gregor XVI. heilig gesprochenen, 1871 zum „Kir=
chenlehrer" („Katholik" 1886 II, 214) ernannten
Liguori sich bei der Geburt Luthers die Notiz findet,
er sei in einem ehebrecherischen Verhältnis durch einen
teuflischen Inkubus erzeugt worden, seine Mutter also
eine Hexe gewesen. Ein deutscher Übersetzer jenes Wer=
kes hat soviel Scham noch gehabt, jene Schändlichkeit
wegzulassen. Aber das ultramontanisierte Volk wirft
nachgerade jene Scham weg. Die Lutherfeier nannten
sie einen Luthercancan. Man muß im Lutherjahr unter
Katholiken gelebt haben, um zu wissen, daß kein
Schimpfwort zu gemein gewesen, um nicht auf Luther
angewendet zu werden. Was die katholische „Wissen=
schaft" eines Liguori, eines Evers ꝛc. aus Luther macht,
das bedarf wahrlich keiner Zuthaten mehr, um jene
volkstümlichen Gemeinheiten zu erklären. Solche Pole=
mik fällt auf ihre Urheber zurück.

h) Wie also versteht der „Friedenspapst" den Frieden,
den er der Welt bringen will? Frieden heißt ihm be=
dingungslose Unterwerfung der Protestanten, dieser „Ab=
gefallenen", unter das Papstscepter. Wie man im Jahre
1870 auch die „Abgefallenen" zur Rückkehr und Teil=
nahme am Konzil zu Rom eingeladen hat, wie Papst
Pius IX. in jenem berüchtigten Schreiben an unsern

Kaiſer auch den Kaiſer als getauften Chriſten für
ſein Papſtreich in Anſpruch nahm, ſo hat uns Leo
noch im Sommer dieſes Jahres einen Beweis dafür
gegeben, daß er an allen, auch den weitgehendſten,
Anſprüchen der Päpſte feſthält, daß er Frieden als Un=
terwerfung verſteht. Heißt es doch in jenem Schreiben
Leos an ſeinen Karbinalſekretär Rampolla (15. Juli
1887):

„Die Gewalt, mit welcher wir bekleidet ſind, umfaßt
ihrer Natur nach alle Zeiten und alle Orte, und darum iſt
es unſre Pflicht, für das Wachstum der Religion zu ſorgen,
dort, wo ſie bereits weit ausgebreitet iſt . . . In gleicher
Weiſe aber gehört es zu unſrer Hirtenſorge, zur Einheit zu=
rückzuführen die Völker, welche ſich unſeliger Weiſe davon
getrennt haben. Denn die römiſchen Päpſte ſind dazu be=
ſtimmt (!), die erlöſende Sendung des Gottesſohnes bis zum
Ende der Zeiten in der Welt fortzuſetzen.“

IV.

Leos Anſchauungen über Parität und Toleranz.

In dem Rundſchreiben über den chriſtlichen Staat
(vom 1. Nov. 1885) erklärt Leo:

„Es wäre ein Frevel von Seiten der Staaten, ein
Verbrechen, wollten ſie ſich ſo gebahren, als ob es gar kei=
nen Gott gäbe, oder die Religionsangelegenheiten als einen

ihnen ganz fremden Gegenstand von sich weisen oder von
den verschiedenen Religionen eine oder die andere
nach Belieben aufnehmen (asciscere), sie müssen
vielmehr schlechterdings diejenige Art der Got=
tesverehrung, des Kultes einführen und festhal=
ten (usurpare), welche Gott selbst als die ihm ein=
zig zusagende, legitime kundgegeben hat (quo coli
se Deus ipse demonstravit velle*). Der Staat, die Fürsten
haben die Pflicht, wohlwollende Schirmherren dieser legitimen
Staatsreligion zu sein, sie zu verteidigen und in keiner Weise
eine Bestimmung oder Entscheidung zu treffen, welche sie
irgendwie verjehren könnte. Sie haben ihr nie Schaden,
sondern Vorteile nach Kräften zu gewähren. Der wichtigste
Dienst wird die Erhaltung und Wahrung der Heiligkeit und
Unverletzlichkeit der Religion sein."

Leo verlangt, die katholische Religion solle Staats=
religion sein und der weltliche Arm soll ihr zur Ver=
fügung stehen. Und diese Encyklika hat er dem Fürsten
Bismarck überreichen lassen! Was würde der Papst
erwidert haben, wenn ihm etwa protestantischerseits eine
Abhandlung über das Alleinrecht der protestantischen
Staatsreligion, untermischt mit Anklagen gegen die den
Staat despotisierende Papsthierarchie, überreicht würde?!

---

*) Die offizielle deutsche Übersetzung gibt diesen Satz
in abgeschwächter Form — aus begreiflichen Gründen —
so: „Auch für sie gibt es keine andre Art und Weise der
Gottesverehrung, als jene, welche Gottes Wille selbst vor=
geschrieben hat."

Doch er spricht sich noch deutlicher aus über seine Begriffe vom paritätischen Staat:

„Als jedoch im 16. Jahrhundert jene verderbenbringende und beklagenswerte revolutionäre Neuerungssucht (rerum novarum studia) erregt war, entstand zuerst Verwirrung auf religiösem Gebiet. Bald wurde aber auch in notwendigem Fortschritt die Philosophie und von hier aus alle Ordnungen der bürgerlichen Gesellschaft in Mitleidenschaft gezogen. Hier ist der Ausgangspunkt der neueren zügellosen Freiheits= lehren, welche man unter den heftigsten Stürmen im vori= gen Jahrhundert ersonnen und proklamiert hat, als Grund= lehren und Hauptsätze des neuen Rechtes, das, vorher unbekannt, nicht bloß vom christlichen, sondern auch vom Naturrecht in mehr als einer Beziehung abweicht. Oberste Voraussetzung ist der Satz, alle Menschen, wie sie ihrer Natur und Art nach gleich sind, seien auch gleich im staat= lichen Leben. Ein jeder sei darum derart unabhängig, daß er in keiner Weise einer fremden Autorität sich verpflichtet erkenne; daß es ihm darum freistehe, über alles zu denken, was er wolle, zu handeln, wie es ihm beliebe. Anderen zu befehlen habe niemand das Recht. So ist die Regierung dann nur Ausdruck des Volkswillens, der, an sich souverän, die Gewalt seinen Organen überträgt. Gottes Herrschaft werde in einem solchen Staat vergessen. Es ist die bloße Massenherrschaft. Ein solcher Staat wird religionslos sein, keine Religion öffentlich bekennen, noch bestrebt sein, aus mehreren Religionen die allein wahre zu suchen, und dann diese Eine vor den übrigen zu bevorzugen (!) und ihr allein die größte Gunst erweisen (!) [wie er nach katholischem Staatsbegriff thun müßte], sondern

dieser Staat wird vielmehr alle Religionen für gleichbe=
rechtigt erklären, so lange das Staatswesen durch sie nicht
geschädigt wird. Dem wird es entsprechen, daß es dem Ur=
teil jedes einzelnen überlassen bleibt, sich sein Urteil über
die Religion selbst zu bilden (omnem de religione quae-
stionem); daß es jedem freistehe, diejenige Religion anzu=
nehmen, welche er vorzieht, oder auch gar keine, wenn keine
seine Billigung findet. Die Folgen sind: eine zügellose Frei=
heit der Gewissen, die schrankenlose Freiheit, Gott zu ver=
ehren oder nicht zu verehren, eine grenzenlose Ungebunden=
heit (licentia) im Denken und in Veröffentlichung des Ge=
dachten.

Daß man bei solchen Theorien ungerecht gegen die
katholische Kirche vorgeht, ist klar. Denn hier wird dann
die katholische Kirche nicht bloß den fremden Religionsgenos=
sen gleich [und nicht, wie es sich doch gebühren würde, weit
über sie oder als allein berechtigt] gestellt, sondern selbst
nachgestellt. „Das kanonische Recht finde keine Geltung und
Beachtung, der Staat mache Ehegesetze, welche doch allein
vor das Forum der Kirche gehören 2c. 2c."

Leo verwirft also Religionsfreiheit, Denkfreiheit,
Preßfreiheit, Parität und Toleranz ebenso selbstver=
ständlich, wie jeder seiner Vorgänger.

Oder glaubt man etwa, diese intoleranten römi=
schen Grundsätze werden in folgenden Worten zurück=
genommen? — Da heißt es:

„In der That, wenn auch die Kirche es nicht er=
laubt, den verschiedenen Religions=Formen dasselbe Recht
einzuräumen, wie der wahren Religion, so verdammt sie doch

diejenigen Regierungen nicht, welche um der Erreichung eines großen Gutes oder Verhütung eines Übels willen nach Herkommen und Gewohnheit es zulassen (patienter ferunt), daß jene verschiedenen Kulte im Staat bestehen dürfen."

„Auch wolle die katholische Kirche niemanden gegen sei= nen Willen zur Annahme des katholischen Glaubens zwin= gen. "Wozu denn dann alle jene oben verlangten religiös= politischen Zwangsgesetze?!

Der Sinn dieser letzteren Verwahrungen ist der: die Andersgläubigen sollen auf solange eine notgedrungene Dul= dung genießen, bis sich der intolerante katholische Staats= begriff durchführen läßt. Eine wahrhaft glänzende Tole= ranz! Mit Hochdruck soll darauf hingearbeitet werden, daß durch katholische Propaganda „die Weisheit und Kraft der katholischen Religion wie ein heilkräftiges Lebensblut (in succum et sanguinem!) in die Adern des Staates geleitet werde." „Man soll sich Mühe geben, daß der ganze Staat in die vorhin bezeichnete christliche (katholische) Form hinüber= geführt, umgewandelt werde." „Man soll es machen, wie die ersten Christen im heidnischen Rom (!), welche — unbe= rührt von der allgemeinen Verderbnis, überall, wo irgend ein Zugang sich bot, schneidig sich eindrängten (animose sese inferre). Den Brüdern zu nützen, die Übrigen zur Lehre Christi zu führen, war ihr Bestreben. So brachten sie das Christentum rasch zur Geltung nicht bloß in Privathäusern, sondern im Heerlager, im Senat, im Königspalast! „Wir sind von gestern her und haben alles, was euer ist, schon in Besitz genommen, Großstädte, Inseln, Kastelle, Landstädte, Rathäuser, das Heerlager, Wahllokale und Zunftstuben, Kaiserpaläste, Senat, Forum", (Tertull. Apol. 37.), „so daß das Christentum, als es die öffentliche Duldung erlangte, nicht in der Schwäche eines Wiegenkindes, sondern erstarkt und gefestigt sich darstellte."

„Jetzt aber sind die Zeitläufte so, daß wir diese Bei= spiele der Ahnen ebenmäßig erneuern müssen."

Kann man deutlicher die Propaganda als einziges und höchstes Ziel für den gesamten Katholizismus be= zeichnen?!*)

Sehen wir zu, wie Leo XIII. selbst in der Praxis seine Toleranz= und Paritätsbegriffe zu bethätigen sucht.

Juli 1878 warnt der Kardinal La Valetta im Namen des Papstes vor den Protestanten in Rom. Allen, welche ihre Namen bei einer Sekte der Abtrün= nigen einzeichnen, wird die Exkommunikation angedroht. Mit dem Banne betroffen werden die Baumeister pro= testantischer Kirchen(!) und die Drucker ketzerischer Bücher und Gottesdienstanzeigen (!), ebenso die Eltern, welche ihre Kinder in protestantische Schulen schicken.

Damit ist jenes System, protestantische Geschäfts= leute zu verfehmen und auszuhungern, den Prote= stantismus durch gesellschaftliches und wirtschaftliches Boykotten zu ruinieren, mit welchem der Ultramon=

---

*) Jeder der sechshundert katholischen Bischöfe schwört heute noch, wie vor Jahrhunderten dem Papste: „Die Ketzer, die Schismatiker und demselben unserm Herrn (dem Papst) oder seinen Nachfolgern widerstrebenden (rebelles) werde ich nach Vermögen (pro posse) verfolgen und bekämpfen."

tanismus viele seiner Erfolge erringt, von der päpst=
lichen Kurie selbst legitimiert.

Ausgangs September 1878 wird durch die päpst=
lichen Nuntien den Regierungen ein Klageschreiben
überreicht, in welchem es unter anderm heißt: Zu
ungeheurer Bitterkeit seines Herzens müsse der Papst
unter seinen Augen die Fortschritte sehen, welche der
Irrglaube (Protestantismus) daselbst ungestraft (!)
mache, wo. Tempel und Schulen der Ketzer sich in
großer Zahl erheben, sowie die daraus folgende Ver=
derbnis eines großen Teiles der Jugend, der ein glau=
bensloser (protestantischer) Unterricht gegeben werde.
Am 3. November wurde diese Intoleranz des Papstes
durch die Eröffnung der achten protestantischen Schule
in Rom beantwortet. Bis zum Jahr 1870 war selbst=
verständlich keine protestantische Schule in Rom ge=
duldet worden. Rom selbst aber hatte für den Volks=
unterricht so gut wie nichts gethan.

Ein noch heftigeres Schreiben erläßt Leo an seinen
Generalvikar, Kardinal La Valetta, am 25. März 1879.
Er klagt die italienischen Landesgesetze an, welche dem
ketzerischen Irrtum sogar in Rom, dem Sitze des Stell=
vertreters Christi, dem Zentrum des Katholizismus,
Thür und Thor geöffnet haben. (Umgekehrt aber findet
es Papst Leo natürlich ganz in der Ordnung, daß in
allen Hauptstädten der „Ketzerei", Berlin, London rc.

der katholischen Konfession allermindestens Gleichberech=
tigung mit den ketzerischen Kulten zu Teil werde!) Er
klagt darüber, daß in der Hauptstadt der katholischen
Christenheit durch Hilfe von Außen ein Mittelpunkt
ketzerischer Propaganda gegründet wurde, daß nament=
lich in protestantischen Schulen die zarten Gemüter
der Kinder mit abscheulichen (!!!) Lehren getränkt wer=
den, daß durch die Bemühungen und das Geld von
Fremden die Menge zu den falschen Prinzipien des
Protestantismus verführt werde. Er habe aber nun
eine Kommission von Prälaten und römischen Adeligen
ernannt, um die vatikanischen Schulen zu fördern. Da
dieser „Kampf des Irrtums gegen die Wahrheit" na=
mentlich durch reiche Geldspenden an die arme Be=
völkerung unterstützt werde, so soll der römische Adel
und Klerus den vatikanischen Schulen finanzielle Hilfe
angedeihen lassen. Aus dem Peterspfennig werde er
— der Papst — gleichfalls Beisteuer gewähren. Tags
darauf gab Leo für die vatikanischen Schulen 100000
Lire Beitrag für das Jahr 1879.

Im selben Jahre schrieb die „Voce della Verita",
nachdem der Papst kurz zuvor die Protestanten mit
Heiden verglichen hatte, in einem Leitartikel „Nieder=
trächtigkeiten" folgendes:

„Der Staat, welcher uns quält, aussaugt und unter=
drückt, hat auch Pflichten gegen die Unterthanen. Er hat

vor allem den Glauben der Väter zu schützen. Mögen diese Söhne Luthers immerhin in ihren Pagoden sich versammeln und sich gegenseitig mit Irrtümern und Verwünschungen überhäufen im Lichte ihres Glaubens, der hundert Bekennt= nisse hat und seinen Ursprung von einem schamlosen Mönch, einem ehebrecherischen König und dem Stolz des Satans nahm, aber sie sollen nicht wagen, unsern allerheiligsten Glauben am Sitze des Christentums anzugreifen, unter dem Schutze einer Regierung, in deren Verfassung geschrieben steht: „Die katholische Religion ist die Staatsreligion."

Ob man römischerseits gar keine Repressalien be= fürchtet von den ketzerischen Staaten? — Es scheint nicht.

Kurz darauf machte wieder einmal eine jener be= kannten Hospitalbekehrungen viel von sich reden. Eine von barmherzigen Schwestern im Lateranspital zu Rom verpflegte württembergische Protestantin Rosa Baur wollte in die Bekehrungsversuche nicht einwilligen. Man vernachlässigte sie und erklärte ihr wiederholt, sie könne nur gesund werden, wenn sie katholisch würde. Dem kaiserlich deutschen Botschaftsprediger Rönnecke wurde die Überführung der Kranken nach dem kleinen deutschen Spital verweigert. Andern Tags aber durf= ten katholische Damen sie in ein katholisches Privat= krankenhaus verbringen, wo sie schon zwei Tage darauf konvertiert und getauft war.

In der Weihnachtsallokution 1884 wiederholt Leo

neben seinen Anklagen gegen die italienische Regierung
speziell die Klagen darüber, daß man ihn an der freien
Ausübung seiner Intoleranz gegen die Protestanten ver=
hindere:

„Es gereicht uns zu größtem Kummer und tiefstem
Verdruß die Gottlosigkeit, mit welcher frei und ungestraft
häretische Doktrinen von Protestanten verbreitet und die hei=
ligsten und erhabensten Dogmen unsrer heiligen Religion
angegriffen worden sind in Rom, im Zentrum des Glau=
bens und dem Sitze des höchsten und unfehlbaren Lehr=
amtes, hier, wo in der wirksamsten Weise die Integrität
des Glaubens und die Ehre der einzig wahren Religion ge=
schützt sein müßte. Es schnürt sich uns das Herz zusammen,
wenn wir sehen, wie unter dem Schutze der öffentlichen Gesetze
die Tempel der Ketzer sich hier mehren und daß es erlaubt
ist, offen in Rom gegen die schönste und kostbarste Einheit
Italiens, die Einheit der Religion, ein Attentat zu be=
gehen (!).“

Am 2. März 1885 klagt Leo über die Okkupation
Roms und über die nach Rom eindringende Ketzerei.
Er fordert kategorisch die Macht, seine Intoleranz be=
thätigen, der Ketzerei die Thüre Roms verschließen und
die Verbreitung der ketzerischen Doktrinen verhindern
zu können. Er verlangt die Zurücknahme der Gesetze,
welche gegen die katholischen Lehren verstoßen.

Leo sucht sich indessen gegen die protestantische
Ketzerei zu helfen, so gut es geht. Die einzige Ele=
mentarschule, welche die italienischen Protestanten

zu Rom haben, die der Freien Kirche am Ponte An=
gelo, ist im nächsten Umkreise jetzt von dreizehn römisch=
katholischen Privatschulen umzingelt, welche ihren Zög=
lingen und deren Eltern außer freiem Unterricht noch
allerlei Lockspeisen, Essen, Arzneien ꝛc. anbieten. So
haben die Evangelischen dem römischen Volk zu vati=
kanischen Schulen verholfen, welche von einem Komitee
unterhalten werden, dem der Papst zwei Millionen zur
Verfügung gestellt hat und an dessen Spitze der Kar=
dinalvikar steht.

Welches sind nun die Folgen der päpstlichen In=
toleranz? Wir könnten unzählige Äußerungen des rö=
mischen Fanatismus aufzählen, beschränken uns aber
auf wenige Charakteristika.

In Venedig verunglimpfte der Kardinal=Patriarch
die Protestanten in einer Predigt aufs heftigste. Die
Folge waren Pöbelaufläufe und thätliche Angriffe auf
die den Protestanten gehörige Kirche.

In Neapel, der „Stadt der dreißigtausend Mönche
und Priester", haben sich fünf Komitee's gebildet, um in
ganz Neapel die Besucher von protestantischen Gottes=
diensten zu überwachen und der katholischen Kirche
wieder zuzuführen. Eine andere Gesellschaft mit be=
trächtlichem Kapital verfolgt den Zweck, protestantische
Miets= und Kaufkontrakte durch Überbieten der betref=
fenden Summen zu annullieren. Dem seit sieben Jahren

in Neapel arbeitenden baptistischen Grafen Papengouth
war es nach langem Bemühen gelungen, ein Grund=
stück für den evangelischen Gottesdienst zu mieten und
in würdiger Weise herzurichten. Da kaufte der Erz=
bischof für 25000 Frs. das Grundstück an sich und
vernichtete den Mietskontrakt. So wird vom Jahr
1881 berichtet. Daß nun das Volk bald noch einen
Schritt weiter ging, nimmt uns nicht wunder. Im
folgenden Jahr, am 30. Mai 1882, erfolgten Angriffe
auf eine protestantische Kapelle in Neapel und es wur=
den gedruckte Plakate verteilt, welche zur Zerstörung
sämtlicher protestantischer Kirchen und Kapellen auffor=
derten. Ein Prediger wurde mit Steinwürfen verfolgt.
(Hatte doch im Jahr 1868 zu Barletta in Süditalien
das von Priestern und Mönchen aufgehetzte katholische
Volk die Niedermetzelung aller Protestanten beschlossen
und begonnen.) Papst Leo hat diese neapolitanischen
Unruhen getadelt. Allein was vernehmen denn die
italienischen Katholiken sonst aus seinem Munde: Ver=
fluchungen gegen den Protestantismus und bittere Kla=
gen darüber, daß er nicht die Macht hat, seine In=
toleranz gegen die Ketzer auszuführen!
Um auch bei dieser Gelegenheit wieder die Einheit
des römischen Katholizismus zu konstatieren, sei nur die
Äußerung der Berliner „Germania" erwähnt, welche
in der Frage der Ketzerverbrennung dem Professor

Schlottmann zu Halle erwiderte: „Wir wollen Herrn
Schlottmann zu seiner Beruhigung bemerken, daß es
wohl geraten sein kann, einen gefährlichen Ketzer
aus der Welt zu schaffen, ebenso, wie einen ge=
fährlichen Revolutionär, aber die ungefährlichen Ketzer,
welche mehr Erheiterung, als Gefahr bringen, soll man
laufen lassen, ebenso wie die revolutionären Maul=
helden, Schlottmann, wie Johann Most." Man be=
merke den frivolen Ton!

Im „Western Watchman", der mit Genehmigung
des römisch=katholischen Erzbischofs von St. Louis und
anderer Prälaten erscheint, hieß es vollends über den
Protestantismus: „Wir würden ihn gerne ausweiden,
und vierteilen. Wir würden ihn gerne spießen und
als Rabenfutter aufhängen. Wir würden ihn mit
Folterzangen zerreißen und mit glühenden Eisen sengen.
Wir würden ihm geschmolzenes Blei eingießen und ihn
hundert Klafter tief ihn in das höllische Feuer versenken."
Nun wage jemand noch mit dem feinen, subtilen Unter=
schiede zu kommen, diese grauenhafte Henkerphantasie
gelte ja nur dem Protestantismus, nicht den Prote=
stanten. —

Es hat thatsächlich eine ganze Menge solcher Län=
der gegeben, wo der Papst, ähnlich wie im Kirchenstaat,
auch in den letzten Jahrhunderten noch uneingeschränkt
geherrscht hat. Da müßte es ihm doch gelungen sein,

Unglauben und Freimaurertum zu unterdrücken und einen Paradieseszustand ins Leben zu rufen. Die mexikanische Verfassung von 1824 erklärt in ihrem Art. 3 wörtlich: „Die Religion der mexikanischen Nation ist und bleibt stets die apostolisch-römisch-katholische. Die Nation schützt dieselbe durch weise und gerechte Gesetze und verbietet die Ausübung jedes andern Kultus." Und vollends Ekuador, wo noch im Jahre 1862 gesetzlich festgesetzt worden ist, daß nur der katholische Kultus stattfinden dürfe, und die Regierung sich verpflichtet zu staatlicher Unterdrückung aller Irrlehren, wo jedes vom Bischof verbotene Buch von staatswegen konfisziert wird, ja wo schließlich das ganze Land dem heiligen Herzen Jesu geweiht ist und ein großer Teil der Staatseinkünfte nach Rom fließt! Und wie sieht es in jenen Ländern aus?

Im Jahre 1881 hat ein Jesuit Kolberg in dem Herderschen Verlage in Freiburg ein Buch herausgegeben (Nach Ekuador, Reisebilder), in dem er wörtlich folgendes über die dortige Bevölkerung schreibt: „Die einfachsten Lehren unserer Religion sind ihnen ganz unbekannte Dinge. Was soll man von den Pfarrern sagen, die das ganze Jahr hindurch in Quito oder in anderen Städten sitzen, fern von ihrer Gemeinde, und nur ein- oder zweimal zu ihnen hinausreiten, wenn die Zeit kommt, die ihnen gebührenden Abgaben in

Empfang zu nehmen, und die nur bei dieser Gelegen=
heit, gleichsam nebenbei, die heiligen Sakramente spen=
den? Die sittlichen Verhältnisse waren die elendesten im
ganzen Lande, selbst in Quito und bis in die neueste
Zeit hinein. Was mich wundert, ist, daß der Glaube
nicht zu Grunde gegangen." „Und in den übrigen
Republiken, von Mexiko an bis Peru und Bolivia,
steht es noch bedeutend schlechter als in Ekuador."
Über den Zustand der katholischen Kirche in Bra=
silien schreibt der katholische Priester Wiedemann (Die
deutsche Kolonie Petropolis in der Provinz Rio de
Janeiro. Freising 1856. S. 65): „Seinem katho=
lischen Glauben, seinen herrlichen katholischen Zeremo=
nien muß jeder entsagen, der in dies gottlose und
sittenlose Land kommt, und dafür brasilianischen Un=
glauben, brasilianischen Aberglauben und brasilianisches
sittenloses Komödienspiel (man denke an die nächtlichen
Prozessionen) sich aneignen. Wer glaubt, in Brasilien
sei die katholische Religion in dem Zustand der größt=
möglichen Erniedrigung und Entartung, der hat den
wahren Glauben."

In all diesen Ländern ist der protestantische Kultus
teils ganz verboten, teils mit großen Einschränkungen
umgeben. Statt daß nun dadurch diese Länder blühend
geworden wären, herrscht überall Sumpf. Die Sklaverei
besteht in ihnen bis heute. Wo ist das katholische

Musterland, welches uns Leo XIII. nach Beseitigung
der „Ketzereien" in Aussicht stellt?!*) —

Wir wissen nun aus dem Munde Leos selbst, wie
er keine Toleranz gegen ein fremdes Glaubenssystem
kennt, wie er nur solange die Ketzer duldet, als er
muß, als er nicht die Macht hat, sie gewaltsam aus=
zutreiben, solange, bis es der mit aller Macht arbei=
tenden Propaganda gelungen ist, das „Lebensblut der
katholischen Religion in alle Adern des Volks= und
Staatskörpers hineinzuleiten," bis die Katholisierung
der Welt gelungen ist. Dann aber muß wieder, wie
im Mittelalter der weltliche Arm des Staates die
katholische Religion als Staatsreligion gegen alle An=
griffe, gegen alle Meinungsänderungen, gegen alle
Andersgläubigen verteidigen. Dann wird Leo wieder
die Macht haben, die Ketzerei mit Zwangsgewalt zu
unterdrücken, nach der er sich den Protestanten in Rom
gegenüber sehnt. Das sind die päpstlichen Begriffe von
Parität und Toleranz. Nach diesen mittelalterlichen
Begriffen müssen, wo sie können, auch die deutschen
Katholiken handeln. Von uns aber verlangen sie die

---

*) Wo der Katholizismus ganz unbeschränkt herrscht,
chez soi ist, ist er immer am verdorbensten. Bloß durch
den Wettkampf mit entgegengesetzten Meinungen wird er
lebendiger erhalten. Ein sehr schlimmes Zeichen für seine
Bedeutung als Kulturmacht.

volle Parität, und sind mit dem gehäuften Maße von
Parität, das sie genießen, nie zufrieden. Sie ver=
langen noch gar die Jesuiten zurück, um das päpst=
liche Toleranz= und Paritätsideal in Deutschland mög=
lichst schnell zu verwirklichen. Oder kurz gesagt: Der
Papst und die Katholiken verlangen aufs ungestümste
Rechte vom deutschen Staat, welche sie, sobald es nur
irgend angeht, allen anderen abzudekretieren fest ent=
schlossen sind. Das ist die himmelhohe groteske Satire
auf den Kulturkampf und die „Rechtsforderungen",
welche die Katholiken in demselben durchgesetzt haben.

Man fordert „Freiheit" für sich, um auf die Un=
freiheit aller anderen Meinungen, die Unterdrückung aller
anderen Parteien hinzuarbeiten. Man verlangt Toleranz
für sich, um Deutschland für das System der prin=
zipiellen Intoleranz zu erobern. Man verlangt Pari=
tät, um die Alleinherrschaft vorzubereiten, fest ent=
schlossen, nach Erlangung derselben keinerlei Parität zu
gewähren. Man kämpft „freisinnig" gegen Ausnahme=
gesetze, um nach der katholischen Lehre sobald wie mög=
lich gegen jede abweichende Meinung in Religion und
Politik die schroffsten Ausnahmegesetze zu verhängen.
Man verlangt für sich Rechte, die man allen Anders=
gläubigen sofort versagen wird, wenn man die Macht
dazu hat. Das heißt aber nichts anderes, als: der
Romanismus gleicht dem bis an die Zähne bewaffneten

Korsarenschiff, welches unter falscher, friedlicher Flagge
unter die friedlichen Handelsschiffe hineinsegelt, um über=
all im günstigen Moment seine maskierten Stückpforten
zu demaskieren, die Enterhaken einzuschlagen und Beute
zu machen. Dem Schicksal jener friedlichen Handels=
schiffe werden mit Sicherheit diejenigen protestantischen
Staaten verfallen, welche dem System der Intoleranz
Toleranz beweisen, welche den Feind aller anderen als
Freund behandeln.

V.

Leo XIII. und die Altkatholiken. .

In dem Schreiben an den preußischen Episkopat
anfangs 1886 polemisiert Leo in folgenden Worten
auch gegen die Altkatholiken: „Trügerische Menschen
streuen unter dem Namen Altkatholiken neue verderb=
liche Lehren aus und suchen durch vielerlei Trug Jün=
ger an sich zu ziehen.“
Denjenigen Männern, welche in treuer Überzeugung
an der alten Verfassung und Lehre festhalten und das
unerhörte, der Vernunft, der Bibel und der Kirchenge=
schichte widerstreitende Dogma von der Unfehlbarkeit
zurückweisen, denjenigen Männern, welche dasselbe Ur=
teil über jene Neuerung fällen, welches dereinst auch
die späteren Zentrumsführer Windthorst, Savigny,

Reichensperger, welches der denkende, gebildete Teil des
katholischen Episkopates gleichfalls kundgab, diesen Män=
nern schleudert Leo XIII. den Vorwurf der Betrügerei
ins Gesicht, zum deutlichen Beweis, daß er nicht weiß,
was eine fremde Überzeugung ist. Bei wem muß
man mehr auf den Verdacht der Betrügerei kommen,
bei denen, welche, wie die Altkatholiken zum Teil lang=
wieriges Martyrium um ihrer altkatholischen Über=
zeugung willen erduldeten, oder bei den übergelaufenen
Infallibilisten, welche im Parlament und auf Bischofs=
stühlen ihre ehemaligen Gesinnungsgenossen gemaßregelt
haben?! — Wenn man wie Leo XIII. die fremden Über=
zeugungen alle auf den Teufel, auf Betrug und bös=
willigen „Abfall" zurückführt, wenn man so sehr in
den Fußstapfen der Päpste wandelt, daß man keinerlei
fremde Überzeugung achtet, beziehungsweise wenn es
hoch kommt, uns als delirierenden, phantasierenden Kor=
rigenden ein beschimpfendes Mitleid widmet, dann soll
man nicht von Versöhnung zwischen dem katholischen
Mittelalter und der modernen Kultur reden. Denn das
ABC der modernen Kultur ist dies, daß man sich um
seiner Überzeugungen willen nicht beschimpft oder ver=
folgt. Man kann sich dann auch nicht darüber beklagen,
daß wir Protestanten der prinzipiellen Intole=
ranz gegenüber im Selbsterhaltungsinteresse intolerant
sind, d. h. uns derselben erwehren.

VI.

Leo XIII. und die Ehe.

Jene Trennung zwischen einer staatlich=bürgerlichen und einer kirchlich=religiösen Sphäre in Ehesachen, welche z. B. der gallikanischen Anschauung, der Ehegesetzgebung im Code Napoleon und der deutschen Zivilstandsgesetz=gebung vom Jahr 1875 zu Grunde liegt, wird von der katholischen Kirche verworfen. Der Syllabus sagt ausdrücklich: Das Ehesakrament ist nicht etwas zum (bürgerlich=staatlichen) Vertrag hinzukommendes (§ 66), sondern nur im Sakrament der Ehe kommt überhaupt ein Vertrag zu Stande; wo das Sakrament, die kirch=liche Eheschließung, wegfällt, ist überhaupt kein Vertrag zu Stande gekommen (§ 73), d. h. die bloße Zivilehe ist Konkubinat. Ferner § 71: Überall da, wo das Triden=tinum und die Tridentinische Eheschließungsform (coram parocho [cath.] et duobus testibus) proklamiert ist — also auch in den meisten deutsch=protestantischen Territorien — ist eine nichttridentinisch geschlossene Ehe zwischen Chri=sten ungiltig. Das Staatsgesetz kann keine an=dere Eheschließungsform für solche Territorien deklarieren. Es sind z. B. also alle vor einem prote=stantischen Pfarrer geschlossenen Mischehen und außerdem alle rein evangelischen Ehen Konkubinate. Nur die

katholische Kirche kann für solche Gebiete Dispense,
Indulte erteilen, welche auch die evangelischen Ehen
und Mischehen für gültig erklären, denn die Ehesachen
gehören nicht vor das weltliche, sondern vor das geistliche Gericht (74).

Selbstverständlich hat Leo an dieser Anschauung
durchaus festgehalten. Dreimal hat er feierlichst die
Zivilehe als Konkubinat bezeichnet: 21. April 1878,
1. Juni 1879 und 20. Februar 1880. Wenn also
ein Katholik, durch seine Überzeugung und Gewissen
gedrungen, die sakramentale Schließung seiner Ehe
zurückweist und sich blos bürgerlich trauen läßt, so lebt
er nach der intoleranten römischen Kirchenlehre in wilder Ehe, seine Kinder sind Bastarde.

In der Ehe-Encyklika vom 20. Februar 1880 wird
mit folgenden Worten der bürgerlichen Gewalt jede
selbständige Gesetzgebungsfähigkeit abgesprochen: Christus
selbst habe festgesetzt, daß „bezüglich der Gegenstände,
welche, wenngleich unter verschiedenen Gesichtspunkten,
aber doch nach gemeinsamem Recht und Gericht beurteilt
werden sollen, jene Gewalt, welcher das Weltliche über-
geben wurde, in passender und geziemender Weise von
der andern, der das Himmlische anvertraut ist, ab-
hänge (dependere)." „Denn wenn die Religion [d. h.
der Papst], vorangeht (praeeunte religione), wird das
weltliche Regiment niemals ein ungerechtes sein." „Be-

züglich des ehelichen Bandes hat Christus die gesetz=
gebende und richterliche Gewalt seiner Kirche zugeteilt."
„Wir reichen den Fürsten mit väterlichem Wohlwollen
die Hand, indem wir ihnen den Beistand unsrer höch=
sten Autorität — zumal in jetzigen stürmischen Zeiten
— darbieten." Mit den sanftesten Worten die schroff=
sten gregorianisch=mittelalterlichen Begriffe! Das ist die
Art von Leo XIII.!

Nachdem er noch gesagt, „daß unter Christgläubigen
der Verbindung zwischen Mann und Weib, welche kein
Sakrament ist, auch nicht die Bedeutung und Wirkung
einer rechtmäßigen Ehe zukommt", warnt Leo noch vor
dem Eingehen von Mischehen und empfiehlt der bischöf=
lichen und priesterlichen Fürsorge diejenigen, welche in
verbrecherischer Weise zusammenleben, ohne durch das
Band einer rechtmäßigen Ehe vereinigt zu sein. Man
soll sie antreiben, nach katholischem Brauche eine recht=
mäßige Ehe zu schließen. Welche Früchte diese Ency=
klika Leos auf dem Gebiet der Mischehenbehandlung
getragen hat, werden wir sofort sehen.

Im Jahre 1886 hat Leo ein Dekret der Kongre=
gation der Inquisition mittelst Breve's veröffentlicht,
welches katholischen Richtern verbietet, in amtlicher
Stellung bei Ehescheidungen zwischen katholischen Ehe=
leuten zu fungieren. Das Breve gilt vorerst für
Frankreich, wo im Jahre 1884 die 1814 aufgehobene

bürgerliche Eheſcheidung wieder eingeführt wurde. Nun
beſteht z. B. in Belgien ſeit dem Code civil, 15. März
1803, ein Ehetrennungsgeſetz und fünf Päpſte haben
hier in dreiundachtzig Jahren keine Veranlaſſung gefun=
den, in der ſchroffen Weiſe gegen die ſtaatlichen Funktio=
nen katholiſcher Richter Stellung zu nehmen, wie es
jetzt Leo XIII. im achten Jahre ſeines Pontifikates ge=
than hat. Ein Artikel in Berings „Archiv des katho=
liſchen Kirchenrechtes“, Bd. 57, S. 193 hat anerkannt,
daß kein katholiſcher Richter mehr in Deutſchland fun=
gieren kann, wenn dieſes Gebot für Deutſchland pro=
klamiert werden ſollte. Es iſt dieſer Erlaß des Papſtes
einer der zahlreichen Beweiſe dafür, wie Leo überall
Verſuche macht, die ſtrengſte, ſchroffſte katholiſche Theorie
in die Praxis umzuſetzen und einzuführen. Zu welchen
Konflikten das führt, werden wir im folgenden noch
weiter wahrnehmen.

Leo und die Miſchehen.

Auch in die katholiſche Miſcheheprarxis hat Leo
weitere gährende Fermente hineingeworfen. 1879 und
1882 wurde die Doppeltrauung der gemiſchten
Ehen aufs neue unterſagt, d. h. die katholiſche Trauung
verſagt, wenn die Ehepaare ſich vor oder nach der ka=
tholiſchen Trauung noch evangeliſch einſegnen laſſen
wollten. Um die Stellung Leos zur Miſcheheprarxis

richtig zu würdigen, müssen wir kurz die Praxis der katholischen Kirche seit dem Tridentinischen Konzil skizzieren. Die Tridentinische Form der Eheschließung ist, wie oben gesagt, die Trauung vor dem katholischen Parochus und zwei Zeugen. Mischehen wurden überhaupt nur gestattet für den Fall, wenn der ketzerische Teil seinen Glauben abschwören wollte und die Erziehung aller Kinder im katholischen Glauben versprach. Dann erhielt das Brautpaar päpstlichen Dispens. Da ferner auch die Protestanten als abtrünnige Glieder der römischen Kirche ebenso den Bestimmungen des Tridentinum über die Form der Eheschließung unterworfen sind wie die Katholiken, so sind nach katholischer Lehre alle Ehen, welche die Protestanten unter sich oder mit Katholiken nicht in der tridentinischen Form, nicht katholisch abgeschlossen haben, als nichtig zu behandeln, sobald in den betreffenden Territorien das Tridentinum proklamiert ist und der katholische Geistliche ohne Gefahr hätte angegangen werden können. Von dieser die protestantischen Ehen als Konkubinat brandmarkenden Lehre und Praxis konnte aber die katholische Kirche in ihrem eigensten Interesse da keinen Gebrauch mehr machen, wo die evangelische Konfession die Mehrzahl bildete oder die öffentliche Meinung sich gegen solche fanatische Intoleranz gar zu sehr empörte. Man erkannte, daß es zunächst unmöglich sei, die Protestanten

5*

dem Tridentinum zu unterwerfen. Daher bestimmte
Papst Benedikt XIV. (1741) in einer zunächst für die
Niederlande erlassenen, dann aber auch auf andere
Länder ausgedehnten Deklaration, daß die Ehen der
Evangelischen untereinander und mit Katholiken, auch
wenn nicht vor dem katholischen Priester geschlossen,
doch für gültig und unauflöslich angesehen werden
sollen. Bis zum Jahre 1741 also hatten alle evan=
gelischen Ehen und evangelisch getraute Mischehen als
Konkubinate gegolten. Bis zum Jahre 1793 in Kleve,
bis 1764 in Kanada, bis 1765 in Schlesien, Malabar,
Bombay 1767, Kulm 1775, Russisch=Polen 1780,
Irland 1785, Köln, Trier, Münster, Paderborn 1830,
ebenso Ungarn, Limburg 1854. Und endlich: vom
September 1882 gelten auch in Berlin=Bran=
denburg und Pommern,*) im sogenannten De=
legaturbezirk des Breslauer Fürstbischofes die
evangelischen Ehen und die evangelisch getrau=
ten Mischehen nicht mehr als Konkubinate.
Welche unverdiente Gnade!! Wo aber jene Bene=
diktina vom Jahre 1741 oder die Klementina vom

---

*) Für Pommern wies die Nordd. Allg. Ztg. im Misch=
ehestreit von 1882 nach, daß dort das Tridentinum nicht
proklamiert, also eine protestantisch eingesegnete Mischehe in
jenem glücklichen Land auch ohne Verkündigung des Indultes
nicht als Konkubinat gelten konnte!

Jahre 1765 noch nicht proklamiert ist, wie z. B. in den meisten südamerikanischen Staaten, da wahrt die katho= lische Kirche bis heute ihre prinzipielle Anschauung. Denn gegen die Annahme einer stillschweigenden Aus= dehnung der Benediktina erklärte sich im Jahre 1817 Papst Pius VII. ganz ausdrücklich.

Nun hat die „katholische Seelsorgsgeistlichkeit" im Herbst 1881 in verschiedenen Kirchen Schlesiens und Brandenburgs jenes berüchtigte Proklama angeheftet, in welchem

„diejenigen Katholiken, welche mit einer bloßen Zivil= verbindung vor dem Standesbeamten sich begnügen, ohne nachher sich kirchlich trauen zu lassen, oder welche, wenn der eine Teil protestantisch ist, nachher von einem nichtkatho= lischen Prediger sich einsegnen lassen, von der katholischen Kirche als christliche Eheleute nicht anerkannt wer= den. Sie schließen sich dadurch von dem Empfange der hei= ligen Sakramente und den kirchlichen Ehrenämtern als Paten, Taufzeugen, Kirchengemeindevertreter u. dergl. aus, ihre Kinder werden kirchlich als unehelich betrachtet, weshalb auch die Mutter nach deren Taufe keinen Kirchgang hal= ten darf."

Über dieses Proklama empörte sich die ganze deutsch= protestantische Welt, sobald es bekannt wurde, wie über etwas unerhört neues. Und doch war's nichts, als die konsequente katholische Lehre, welche darin zum Ausdruck kommt.

Als nun im August 1882 die Entrüstung immer
größer wurde, produzierten ultramontane Zeitungen ein
anderes viel milderes Proklama, durch welches das frühere
ersetzt worden war und versuchten ihr Heil in bekannter
Manier mit der Ableugnung. Als dann der auten=
tische Wortlaut des ersten Proklama ihnen entgegenge=
halten wurde, ließ man sich endlich zu dem Geständnis
herbei, daß das Proklama zwar nicht für Breslau, aber
für Berlin=Brandenburg=Pommern die völlig autentische
Anschauung der katholischen Kirche wiedergebe. Darauf
beeilte sich der Fürstbischof, September 1882, vom Papst
die Ausdehnung der Klementina auf den Delegatur=
bezirk und die Wegnahme der Infamie von den evan=
gelischen und evangelisch eingesegneten Mischehen in Ber=
lin, Brandenburg und Pommern zu erwirken.

Bald darauf hat der Erzbischof Orbin von Frei=
burg in einer Instructio matrimonialis, die alljähr=
lich am ersten und zweiten Epiphaniensonntag von den
Kanzeln verlesen werden soll, über die nichtkatholisch
eingesegneten Mischehen sich ähnlich ausgesprochen:

„Überaus groß ist auch die Verblendung und Sünde
jener Katholiken, welche gegen Gottes und der Kirche Gebot
vor dem Diener einer andern Religion eine Ehe einzu=
gehen versuchen." „Jeder Versuch, die Ehe auf andere
Weise einzugehen, ist Ungehorsam und Auflehnung gegen
die katholische Kirche, eine schwere Sünde gegen Gott und
das heilige Ehesakrament, welches dadurch verachtet wird,

sowie gegen die Gemeinde, welcher durch ein solches un=
rechtmäßiges, unerlaubtes und darum unsittliches
Zusammenleben großes Ärgernis gegeben wird."

Der „Versuch, eine Ehe zu schließen", welcher zu
einem „unsittlichen", „ärgerlichen" Zusammenleben An=
laß gibt, ist nun natürlich wiederum nichts anderes,
als ein Konkubinat. Da in der badischen Kirchenge=
schichte und Kirchengesetzgebung von Vierordt und Spohn
von einer Ausdehnung der Klementina oder Benediktina
auf Baden, beziehungsweise auf die evangelischen Lan=
desteile Badens nichts zu lesen ist, so nehmen wir
vorerst bis auf weiteres an, daß auch Baden*) noch zu
denjenigen Ländern gehört, in welchen bis dato eine
evangelische Ehe und evangelisch eingesegnete Mischehe
als Konkubinat gilt, daß also der verstorbene Erzbischof
Orbin mit seiner diplomatischen und doch so verständ=
lichen Umschreibung des Wortes Konkubinat „Recht"
hatte, wenigstens nach den fanatischen Prinzipien seiner
Kirche. Ganz und gar Unrecht aber hatte jener rhei=

---

*) Auch die Frankfurter katholische Geistlichkeit hat in
einem Mischeheftreit mit dem Komittee des Evangelischen
Bundes zu Frankfurt zugestanden, daß es noch heute einige
Gegenden Deutschlands gibt, wo protestantisch eingesegnete
Mischehen wegen Nichtproklamierung der Klementina immer
noch als Konbubinate gelten. (Erklärung vom 25. August
1887.)

nische Pfarrer, welcher auf einer Briefadresse an eine Katholikin, welche an einen Protestanten verheiratet und evangelisch eingesegnet war, geschrieben hat: An Fräulein N. N. wohnhaft bei Herrn N. N. Und ebenso Unrecht hatte jener andere rheinische Geistliche, welcher zu der katholischen Frau eines protestantischen Sergeanten, die ebenfalls evangelisch getraut war, im Beichtstuhl gesagt hat: „Ihr seid gar keine Eheleute, ihr lebt zusammen wie die Hunde". Beide hatten nach katholischem Kirchenrecht Unrecht, weil nach einem Breve Pius VIII. vom 25. März 1830 auch in der Erzdiözese Köln und den Diözesen Trier, Münster, Paderborn die Tridentinische Eheschließungsform zur Gültigkeit einer Mischehe nicht mehr nötig ist. Sie haben nach katholischer Lehre Unrecht, weil die Klementina in den Rheinlanden proklamiert ist!! Jedes sittliche Gefühl empört sich freilich gegen solch abscheulichen Fanatismus, mag nun die Klementina irgendwo proklamiert sein oder nicht!

Ob Papst Leo XIII. in dem oben angeführten Appell an die Bischöfe, die in wilder Ehe Lebenden zu katholischer Eheschließung anzutreiben, die nicht katholisch eingesegneten Mischehen gemeint hat, wissen wir nicht. Der genannte Appell folgt aber direkt auf seine Abmahnung von den Mischehen. Jene katholische Seelsorgsgeistlichkeit, welche die betreffenden Mischehen als

Konkubinat brandmarkte, konnte sich für die bewußten Bezirke Brandenburg-Pommern direkt auf die Ehe-encyklika vom 20. Februar 1880 berufen, bedurfte aber außerdem dieser Berufung gar nicht, da sie sich ganz an die — freilich aller Toleranz hohnsprechende — katholische Lehre gehalten hatte.

Unter welchen Umständen ist nun aber die katho-lische Kirche bereit, eine Mischehe einzusegnen? Diese Bedingungen waren, wie oben gesagt, vom Jahre 1564 bis um die Mitte vorigen Jahrhunderts sehr schwere, dann traten nach und nach Erleichterungen ein und jetzt leben wir seit etwa fünfzig Jahren in einer Zeit, in welcher diese Bedingungen wieder so sehr als immer möglich verschärft werden, seit die katho-lische Kirche sich der Worte Bonifacius' VIII. wieder zu erinnern beginnt, daß sie ein Recht hat auf alle Kreatur. Man verlangte im vorigen Jahrhundert nicht mehr Abschwörung der Ketzerei, sondern nur noch Er-ziehung der Kinder im katholischen Glauben als Be-dingung der katholischen Proklamation und Eheschließung. Wo die bürgerlichen Gesetze die Teilung der Erziehungs-religion der Kinder nach dem Geschlecht oder die Er-ziehung nach der Religion des Vaters festsetzten oder freistellten, da hat sich zu Zeiten die katholische Kirche auch hiermit zufrieden gegeben, so z. B. in Schlesien nach dem mit dem Fürstbischof vereinbarten Reglement

vom 8. August 1750. Seit dem Kölner Mischehen=
streit (1837—1840) ist nun aber die Mischeheprazis
wieder mehr und mehr verschärft worden. Es werden
den Brautpaaren Reverse zur Unterschrift vorgelegt,
in welchen der katholische Teil verspricht, alle Kinder
in der römisch=katholischen Religion erziehen zu lassen
und den protestantischen Teil zur katholischen Kirche
herüberziehen zu wollen. Der protestantische Teil aber
verspricht, den katholischen Ehegatten in seiner Reli=
gionsübung nicht zu hindern und zu stören. Zu diesen
drei Bedingungen, von welchen namentlich die zweite
die Mischehe zur Hölle zu machen im stande ist, kam
nun aber seit 1864 die vierte Bedingung, welche an
Schroffheit den übrigen nichts nachgiebt. Während
nämlich in früherer Zeit nichts häufiger war, als die
Doppeleinsegnung der Mischehen, katholische und evan=
gelische Trauung, ist am 17. Februar 1864 zuerst
den hannöverschen Bischöfen eine Instruktion erteilt
worden, wornach die katholische Eheschließung zu ver=
sagen ist, wenn das Brautpaar auch die protestantische
Trauung mitverlangt. Diese Instruktion ist als Erneue=
rung der alten schroffsten Ketzerbegriffe der katholischen
Kirche zu verstehen, nach welchen es für den Katholiken
Todsünde ist, an einem ketzerischen Kultusakt
sich zu beteiligen. Sie wurde nach und nach auf
die übrigen preußischen Bischofssprengel ausgedehnt und

wie oben bemerkt ist diese neue Mischheklausel unter
Leos Pontifikat schon mehrmals eingeschärft worden.
Daß jetzt wieder der alte Ketzerbegriff Platz greift,
wird damit beschönigt, daß ja seit 1875 dem protestan=
tischen Eheschließungsakt die Bedeutung einer standes=
amtlichen Eheschließung genommen und derselbe nun
wieder ganz zu einer dem Katholiken verpönten Ketzer=
zeremonie geworden sei. Nur schade, daß man mit
diesem Verbot schon zehn Jahre vor dem Jahr 1875
begonnen hat, und doppelt schade, daß man eine von
der katholisch=sakramentalen unterschiedene standesamt=
liche Eheschließung überhaupt nie gelten ließ, also jetzt
auch die zeitweilige Duldung der Doppeltrauung nicht
nachträglich mit der standesamtlichen Bedeutung der
protestantischen Eheschließung bis zum Jahr 1875 ent=
schuldigen kann. Der wahre Grund dieser veränderten
Praxis ist ja wiederum nur der, daß die von der
Mitte vorigen Jahrhunderts an auch in die katholische
Kirche eingedrungene, wenn auch nie ausdrücklich zu=
gestandene, mild humane Anerkennung der protestanti=
schen Kirche mehr und mehr wieder eliminiert und
durch die anfängliche mittelalterliche Schärfe ersetzt wird.
So enthält ein uns vorliegender Mischeherevers
aus der Rheinprovinz die oben genannten vier Be=
dingungen: katholische Kindererziehung, Versprechen, den
katholischen Teil in seiner Religionsübung ungestört

zu laſſen, Verſprechen, dem proteſtantiſchen Teil zur
„Überzeugung von der Wahrheit der katholi=
ſchen Religion und zur Annahme derſelben
durch geeignete Mittel zu verhelfen" und das
Verſprechen, ſich nicht von einem proteſtantiſchen Pre=
diger kopulieren zu laſſen.

Wenn nun katholiſcherſeits wiederum die Waffen
früherer Jahrhunderte hervorgeſucht werden, die Prote=
ſtanten aber in ihrer Indolenz und der ſeitherigen, aus der
Toleranzperiode (ca. 1750 bis ca. 1830) ſich ergebenden
Vertrauensſeligkeit und Wehrloſigkeit verharren wollten,
ſo könnte die Folge keine andere ſein, als Verluſte
über Verluſte für die proteſtantiſche Konfeſſion. In
Rheinpreußen wurden im Jahr 1883 von 9750 in
gemiſchten Ehen geborenen Kindern nur 3907 evan=
geliſch getauft, 5843 katholiſch. Wollte man auch nur
die Hälfte von 9750 als normales Verhältnis für
beide Konfeſſionen annehmen, ſo wäre noch ein jähr=
licher Verluſt von nahezu 1000 Seelen für die evan=
geliſche Kirche zu verzeichnen, oder Jahr für Jahr Ver=
luſt einer mittelgroßen Landgemeinde. Die Miſchehe=
verluſte vor allem haben es verſchuldet, daß
in Schleſien heut zutage die katholiſche Kon=
feſſion überwiegt, während in der erſten Hälfte
des Jahrhunderts noch die evangeliſche Kon=
feſſion überwog. (Ehe man freilich den proteſtanti=

ſchen Schleſiern 1300 Kirchen gewaltſam entriß, war
Schleſien faſt ganz proteſtantiſch.) Schon vor zwanzig
Jahren in Schleſien 44000 Miſchehen!

Wir haben gefunden, daß auch auf dem Gebiet der
Ehe= und Miſchehegeſetzgebung ſich die Grundſätze und
Maßnahmen Leos aufs genaueſte in die ſeit Jahrzehn=
ten begonnene Rückwärtsentwicklung der katholiſchen
Kirche zur prinzipiellen intoleranten Schärfe früherer
Jahrhunderte einfügen, gegen den Staat und die „Ketzer“
ſich völlig ablehnend verhalten. —

Für den Proteſtanten war es von jeher eine der
frembartigſten und unſympathiſchſten Erſcheinungen am
Papſttum, wie es auf der einen Seite dem widerſtre=
benden ſelbſtändigen Staat und den aus Überzeugungs=
gründen diſſentierenden Ketzern gegenüber ſeine kirchlichen
Gebote und Anſprüche ſo ſcharf als möglich anſpannte,
im Namen des Petrus, Chriſti, Gottes jede kleinſte
Abweichung und Konzeſſion zurückwies — und da=
neben faſt von jedem einzelnen dieſer kirch=
lichen Gebote Diſpenſe, Befreiungen, Umge=
hungen, Relaxationen erteilt hat an diejenigen,
welche nicht aus prinzipiellen oppoſitionellen Überzeu=
gungsgründen, ſondern bei völliger Unterwerfung unter
das päpſtliche Machtgebot ſolche Diſpenſe, Relaxa=
tionen und Befreiungen als Gnade erbitten.
Das beſte Kennzeichen des politiſchen wie des kirchlichen

Despotismus! Auch diese Probe vermögen wir an dem Pontifikat Leos zu machen.

Derselbe Papst, welcher so schroff die katholischen Ehegrundsätze gegenüber dem französischen Richtertum und in der Ehefrage überhaupt betont hat, hat im Jahre 1885 zur katholischen Trauung des israelitischen Groß-Industriellen und Gutsbesitzers Baron Sandor Popper mit der römisch-katholischen Komtesse Blanche Castrone Dispens erteilt. Baron Popper versprach 200000 Gulden als Taxe und die Abtretung des Patronats von achtzehn römisch-katholischen Pfarrstellen in Galizien. Obwohl die römischen Bischöfe im ungarischen Herrenhaus die Zulässigkeit einer Ehe zwischen Juden und Christen aufs Heftigste bekämpft hatten und eine solche Ehe in Ungarn staatsgesetzlich unmöglich ist und bürgerlich wie kirchlich als Konkubinat gilt, erteilte Leo den Dispens. Fürstbischof Simor berief hierauf ein Konsistorium, auch der Kultusminister berichtete direkt an den Kaiser. Nach zehn Tagen wurde der Dispens widerrufen. Sieben Monate hatte man in der Kongregation des Santo Uffizio die Frage studiert, bis Leo den Dispens erteilte, am 10. Februar 1885. Am 18. und 20. Februar wurde er durch zwei Telegramme widerrufen. 1845 gab Papst Gregor XVI. die Erlaubnis zur kirchlichen Trauung des jüdischen Bankiers Soaumbah mit dem römisch-katho-

lischen Fräulein Lanneaur, 1846 zur Trauung des
Israeliten Robrigue zu Paris mit der reichen Eugenie
Lecomte; am 22. Juni 1867 wurde Jul. Moyse mit
Marie Arbit kraft Erlaubnis des Erzbischofs von Paris
katholisch getraut. Darauf segnete der Bischof von
Soissons die Ehe des Grafen Déobat=Raymond von
Turenne mit der Jüdin Bernheim selber ein, 1876
wurde der römische Deputierte Mir mit der Jüdin
Pereire getraut. 1877 aber wurde einem mittellosen
jüdischen Schneider in Dünkirchen die Ehe mit einer
römischen Katholikin versagt.

Papst Leo rühmt in seiner Eheencyklika vom 20. Fe=
bruar 1880 die prinzipielle Festigkeit, mit welcher frühere
Päpste den Ehescheidungsbegehren gewisser Fürsten ent=
gegengetreten sind. Es soll diesen Päpsten ihr Ruhm
nicht geschmälert werden. Allein die Kehrseite jener
prinzipiellen Festigkeit, die dem protestantischen Urteil
höchst widerwärtige Leichtigkeit, mit welcher die Päpste,
jene den Aposteln anvertraute Gewalt „zu binden und
zu lösen" mißbrauchend und auf alles mögliche aus=
dehnend, von Eiden, sittlichen und kirchlichen Geboten
die Papstgläubigen entbinden zu können meinen, diese
Laxheit muß in die andere Wagschale geworfen werden.
Wir hätten das Verhalten Leos zu der Ehefrage nicht
vollständig charakterisiert, wenn wir den Fall Pepper
unerwähnt gelassen hätten.

VII.

Leo XIII. und die Wissenschaft.

Leo XIII. begnügt sich nicht mit Protesten und Ver=
urteilungen des Protestantismus. Er hat mit hellem
Geiste erkannt, daß man mit Deklamationen nicht die
Welt erobert, sondern nur mit opferwilliger Arbeit auf
allen Gebieten. Und so ist es eine seiner Hauptsorgen,
den wissenschaftlichen Eifer in der katholischen Kirche
nach allen Seiten zu beleben. Und merkwürdigerweise
spielt sich dieses wissenschaftliche Streben fast einzig in
der Wechselwirkung zwischen dem deutschen Katholizis=
mus und dem Vatikan ab. Erst jüngst hat das offi=
ziöse Lieblingsblatt des Papstes, der „Moniteur de
Rome" aus Anlaß der Trierer Katholikenversammlung
anerkannt: Nirgends gehe man mit solchem Eifer, sol=
chem Verständnis auf die Intentionen und Anregungen
des Papstes und seiner Encykliken ein, als im deutschen
Katholizismus. Niemals hat dieser deutsche Katholi=
zismus seinen jammervollen Ehrennamen „Ultramon=
tanismus" mehr verdient, als heutzutage.

Die wissenschaftlichen Anregungen des Papstes gelten,
wie begreiflich, vor allem dem deutschen Protestantismus
und seiner Bekämpfung. Dem jetzt verstorbenen Jesu=
iten Franzelin, der Leo ein Buch über die Hegel'sche

Philosophie überreichte, sagte Leo: Der Kampf, welchen die deutschen Jesuiten mit solchem Eifer führen, ist notwendig, weil der Protestantismus aus Deutschland eine Burg des Irrtums und der traurigsten Vorurteile gemacht hat. Er (Leo) werde es verstehen, das Terrain Schritt für Schritt zu erstreiten, und den Kampf eifrig und ohne Waffenstillstand zu verfolgen.

Am 27. März 1880 hat Leo einen Stab von dreitausend Gelehrten (so hieß es in den Blättern) um sich versammelt, um ihnen aus Anlaß des Tages des Thomas von Aquino und seines eigenen fünfzigjährigen Doktorjubiläums in einer feierlichen Ansprache ans Herz zu legen, daß „in dem heutigen Kampfe das Hauptgewicht auf die geistigen Waffen zu legen sei." An hunderten von katholischen Lehranstalten und Akademien wird jetzt die Scholastik des Thomas von Aquino betrieben.

Über die Notwendigkeit, vatikanische Geschichts= korrektur zu betreiben, spricht sich Leo XIII. in einem Schreiben an die Kardinäle de Luca, Pitra und Hergen= röther vom 15. August 1883 folgendermaßen aus:

„Diejenigen, welche die Kirche und das Papsttum zu verdächtigen und gehässig zu machen suchen, greifen mit großer Kraft und Schlauheit die Geschichte der christ= lichen Zeit an und zwar mit solcher Schlauheit und Per= fidie (!!), daß sie die Waffen, welche zur Entlarvung der Ungerechtigkeiten sehr geeignet wären, dazu benützen, um

Ungerechtigkeiten zu begehen." Von den Magdeburger Zen=
turiatoren bis heute sei die Kunst der Geschichtsschreibung
eine Verschwörung gegen die Wahrheit gewesen. „Die alten
Anschuldigungen gegen das Papsttum werden immer wieder
in Umlauf gesetzt und so schleicht sich die freche Lüge (!)
ebenso in dickbändige Kompilationen, wie in kleine Bro=
schüren, ebenso in die flüchtigen Blätter der Tagespresse,
wie in die verführerischen Darstellungen des Theaters ein."

„Das schlimmste aber ist, daß diese Methode, die Ge=
schichte zu behandeln, sogar in die Schulen Eingang ge=
funden hat, denn nur allzu oft gibt man den Kindern be=
hufs des Unterrichtes Handbücher zum Gebrauch, die geradezu
von solchen Lügen wimmeln . . . Nach dem Elementar=
unterricht aber wird die Gefahr nicht selten noch größer,
denn bei den höheren Studien geht man von der Erzäh=
lung der Thatsachen zur Ergründung der Thatsachen über
und baut auf freventliche Vorurteile Theorieen, welche mit
der göttlichen Offenbarung oft in schneidendem Widerspruch
stehen und nichts anderes bezwecken, als all den Segen der
christlichen (=römisch=päpstlichen) Institutionen im Laufe der
Ereignisse und im Leben der Völker zu leugnen oder gar
zu verbergen." So werde die Geschichte zur Dienerin der
Parteibestrebungen und menschlichen Leidenschaften gemacht.
Aus einer Lehrerin des Lebens und einem Lichte der Wahrheit
werde sie zur Mitschuldigen der Verbrechen und Buhlerin
der Korruption und zwar vornehmlich für junge Leute, deren
Seele von wahnwitzigen Ideen erfüllt und deren Sinn von
Ehrbarkeit und Bescheidenheit abgelenkt werde. Sei einmal
das Gift der Jugend im zarten Alter eingeträufelt, so seien
nur schwer die Vorurteile zu zerstreuen. Aus diesem Grunde
also müsse die Geschichte umgeschaffen werden.

Wir werden sehen, wie schnell der deutsche Katholi=
zismus dieses päpstliche Programm ergriffen und dar=
nach zu arbeiten begonnen hat.

Leo hat denn auch die vatikanischen Archive und
Bibliothekschätze für die Wissenschaft weiter geöffnet als
seine Vorgänger, wenn es wohl auch den nichtvatika=
nischen Forschern meist ähnlich ergehen wird, wie dem
gelehrten Theiner, der den ungehinderten Zugang zur
vatikanischen Bibliothek hatte, solange er papstfreundlich
schrieb, dem aber sofort der Zugang vermauert wurde,
als er aus den Dokumenten der Vergangenheit die
Ungereimtheit des neuen Unfehlbarkeitsdogmas zu er=
weisen und den Bischöfen der Konzilsopposition im Jahr
1870 wissenschaftliches Material zu liefern begann.

Am 1. Mai 1884 gründete Leo zu Rom eine
paläographische Schule und setzte ein Reglement zur
Ordnung der archivalischen Studien fest.

Am 4. November 1884 wurde zum Andenken an den
dreihundertjährigen Todestag des Kardinals Borromeo
ein Collegium Bohemicum, eine tschechische Studienan=
stalt in Rom eröffnet. In eben demselben Jahr ist die
siebente Jesuitenanstalt in Rom errichtet worden in dem
für 400000 Lire erkauften Palast Zuccari. Die Fran=
ziskaner legten den Grundstein zu einem internationalen
Kollegium für Ausbildung von Missionaren und Lek=
toren des Ordens. Die Academia della Religione

cattolica ist namentlich auf historischem Gebiete thätig. Die Verteidigung der Päpste haben sich diese römischen Gelehrten zur Hauptaufgabe gestellt. Bereits haben der Dominikanerpater Denifle und der Jesuit Ehrle be= gonnen, in einer von den protestantischen Fachgenossen, abgesehen von dem unvermeidlichen römischen Ton der Polemik, anerkannten Zeitschrift, mittelalterliche Kirchen= geschichtsstudien zu veröffentlichen. Denifle studiert in Rom. Verlagsort ist — Berlin, Weidmannsche Buch= handlung.

Der Protestantismus hat nun freilich den ihm von Leo angebotenen wissenschaftlichen Krieg und Wettkampf nicht zu scheuen, zumal im deutschen Wissenschaftsleben eine Menge von Einrichtungen längst bestehen, welche der Papst eben jetzt erst im Interesse der Apologetik und Polemik einzuführen beginnt. Nur dies ist wiederum be= merkenswert, daß es nicht die Wissenschaft um ihrer selbst willen ist, welche römischerseits gefördert wird, sondern die Wissenschaft als Scholastik, als Trägerin von Pro= paganda und Polemik. Was der unfehlbare Papst sagt und thut, das hat die Wissenschaft als gehorsame Dienerin als wahr und gut zu erweisen, alle entgegen= stehenden Thatsachen weg= oder umzudeuten.

Noch interessanter und für das geistige Leben des deutschen Volkes verhängnisvoll ist der Eifer, mit wel= chem sich der deutsche Katholizismus zum Echo der

päpstlichen Wissenschaftsbestrebungen macht. Hier hat
sich seit fünfzehn Jahren, nachdem für diese Dinge
wohl schon früher Anfänge und Keime vorhanden ge=
wesen waren, ein vom gemeinsam deutschen abgeson=
dertes Geistesleben gebildet. Man hat jetzt katholische
Philosophen, katholische Geschichte, katholische Poesie,
katholische Litterarhistoriker, katholische Presse, katho=
lische Unterhaltungslitteratur und Belletristik, katholische
Reisehandbücher, katholisches Konversationslexikon, ka=
tholische „Geflügelte Worte" rc. rc.

In diesem Zusammenhang muß vor allem noch
die im Januar 1876 gegründete Görres=Gesell=
schaft genannt werden, welche sich die „Umkorrigie=
rung" der gesamten deutschen Wissenschaft zur Auf=
gabe gemacht hat. Die gesamte moderne Wissenschaft ist
eine Sklavin ihrer Vorurteile, denn:

„Von Geistesfreiheit hat keine Zeit mehr gesprochen als
die unsere. In allen Gebieten der Wissenschaft rühmt man
sich der Unbefangenheit, Vorurteilslosigkeit. In Wahrheit
aber, meine Herren, ist die herrschende Wissenschaft unserer
Zeit so befangen, so vorurteilsvoll, so gebunden, wie kaum
eine andere. — Voraussetzungslos nennt sich die moderne
Philosophie, während sie von Kant bis zu Schopenhauer
und Hartmann in einer Sklavenkette sich fortbewegt, in wel=
cher jeder nachfolgende Denker an die fixen Ideen seines
Vorgängers gefesselt erscheint. Vorurteilslos nennt sich die
moderne Geschichtsforschung, während sie im Dienste religi=
öser und politischer Tendenzen die Thatsachen fälscht (!) und

Dichtungen und Konstruktionen als Bilder der Wirklichkeit vorführt. Unbefangen nennt sich die sogenannte exakte Na= turforschung, welche, von sinnlosen Hypothesen berückt, den Wald vor lauter Bäumen nicht sieht, und unter dem Vor= wande, nur Thatsachen festzustellen, die evidentesten That= sachen verleugnet."

Die moderne Wissenschaft ist ferner eine Sklavin des Staates. Der Staat hemmt die Freiheit der Forschung, indem er Lehr= und Lernfreiheit beschränkt.

„Seitdem das widersinnige Dogma in unsere Gesetz= gebung eingedrungen ist, demzufolge die Schule eine Veranstaltung des Staates sein soll, ist die wahre Freiheit der Wissenschaft aufs schwerste bedroht. Das Mono= pol, welches die politische Gewalt in allen Stufen des Unter= richtes für sich in Anspruch nimmt, unterwirft die freie For= schung einem widernatürlichen Zwang. Die Verstaatlichung der Schule, welche von den Revolutionären des vorigen Jahr= hunderts begonnen, von dem Liberalismus und Absolutis= mus des gegenwärtigen durchgeführt wird, ist das Grab der Freiheit und der Wahrheit."

„Doch lassen wir uns nicht bange machen. Eines großen, langen, schweren Kampfes wird es bedürfen, um die Freiheit*) der Wissenschaft, welche der Ruhm der christ=

---

*) Welche Taschenspielerkünste die Romanisten mit allen Begriffen, so auch mit dem Begriff der wissenschaftlichen Freiheit treiben, möge uns das „Historische Jahrbuch der Görres = Gesellschaft" zeigen, welches sagt: „Ein katholischer Autor muß es geradezu als seine strenge Pflicht erkennen, die prinzipiell allein richtige und deßhalb objektive Auf=

lichen Jahrhunderte und die Zierde katholischer Völker war, zurückzuerobern, in diesem Kampfe aber müssen wir unver= drossen und unerschütterlich ausharren. Auch die Görres= Gesellschaft darf nicht aufhören, gegen die Fesseln zu strei= ten, welche ein falsches politisches System der katholischen und eben darum freien (!!!) Wissenschaft anlegt."

Geldmittel für die „freie" katholische Universität, welche man seit fünfundzwanzig Jahren anstrebt, seien schon viele vorhanden, da aber vom Staat die Erlaub= nis zur Gründung der „freien" Universität noch nicht zu erlangen sei, müsse die Görres=Gesellschaft ander= weitig die katholische Wissenschaft zu fördern suchen. (Aus der Programmrede des Bischof Haffner auf der Generalversammlung der Görres=Gesellschaft zu Mainz. 4. Oktober 1887.) Das Schema, nach welchem die Görres= Gesellschaft arbeitet, ist ähnlich, wie bei andern gelehrten Gesellschaften, etwa folgendes: Sie schreibt Aufgaben polemischer oder apologetischer Art aus, z. B.: Es ist noch nicht hinreichend nachgewiesen, daß vor Luther schon das Volksschulwesen in Deutschland ein blühendes war, dies soll nun nachgewiesen werden. Geldmittel stehen diesen katholischen Unternehmungen reichlich zu

fassung der [katholischen] Kirche von der Glaubensspaltung zum klar betonten Grundgesetz der eigenen historischen An= schauung zu machen." Wenn man „wissenschaftlich" beweist, was der Papst und das Dogma befiehlt, so ist das freie Wissenschaft!!!

Gebot, das Zusammenarbeiten ist ein geschlossenes. Was Wunder, wenn tagtäglich die freie katholische Wissenschaft des Syllabus und Index Triumphe feiert und Ergebnisse in ihre Scheunen sammelt.

Der Generalstabschef auf litterarischem Gebiet, Prälat Dr. Hülskamp, hat auf der Trierer Katholiken= versammlung das Programm für die Litteraturbestre= bungen der Katholiken wieder einmal dahin präzisiert: „Wenn ich darauf komme: was sollen wir denn lesen, dann sage ich: Wir dürfen aus der Produktion der Gegenwart zunächst alles das ruhig ausscheiden, was nicht katholischen Ursprungs ist."(!) Die Vertreter der „sogenannten zweiten Blüteperiode unsrer deutschen Nationalliteratur" aber müssen wir lesen, weil es „für den Deutschen einfach nicht geziemend wäre, Goethe und Schiller nicht zu kennen." Aber — sie dürfen „nur ge= lesen werden in gereinigten Ausgaben." Den ge= wöhnlichen Lesestoff aber liefert uns in der Gegenwart reichlich genug unsere katholische Poesie und Unterhal= tungs=litteratur. Es ist ja seit einigen Jahren ein wahrer katholischer Liederfrühling in Deutschland an= gebrochen, auch dieses — dank dem Kulturkampf! (vgl. Weitbrecht, die deutsche Litteratur in römischer Beleuchtung. Barmen, Hugo Klein.)

Es wäre von den Ultramontanen modernen Schlages zu viel verlangt, wenn man ihnen im Namen des ge=

meinsamen Vaterlandes zumuten wollte, sie möchten in diesem für Deutschland verhängnisvollen Beginnen absoluter Absonderung innehalten. Was geht uns Goethe, Schiller, Lessing, Herder an? heißt es dort. Was fragen wir nach Kant, Fichte, Hegel! Wir folgen Leo! Und wenn ihr Protestanten mit uns geistig eins werden wollt, so folget der Parole der Proselytenzeitschrift „Ut omnes unum!" Folget diesem Korrespondenzblatt „zur Verständigung und Wiedervereinigung der getrennten Christen!" oder noch besser, tretet dem· seit 1862 bestehenden Gebetsvereine „für Wiederherstellung der Glaubenseinheit" bei, der erst am 7. Mai 1887 wieder von Papst Leo gutgeheißen und am 11. Juli 1887 mit reichlichem Ablaß versehen worden ist! Tretet diesem Rekatholisierungsverein bei, kehret „heim zur Mutter", dann habt ihr protestantischen Patrioten wieder das gemeinsam nationale Geistesleben, das ihr jetzt so schmerzlich vermißt! Das ist gegenwärtig die Stimmung und Geistesrichtung im deutschen Katholizismus.

Wir folgen dem lockenden Rufe zum katholischen Mittelalter zurück nicht, weil wir keine Lust haben einen geschichtlichen Kreislauf zu machen und die unausbleiblichen Kämpfe, durch welche unsere Vorfahren sich von jenem hierarchischen Gewissensdespotismus losgerungen haben, im zwanzigsten und einundzwanzigsten Jahrhundert noch einmal durchzukämpfen. Wir haben

keine Luft, uns auf dem buntphantaftifch, romantifch
bewimpelten Schiffe des modernen Romanismus ein=
zuschiffen, um dem mittelalterlichen fabelhaften Eldo=
rado zuzusteuern, weil wir die mühsam verstopften
Lecke, die unsolide Bauart des „Schiffleins Petri" wohl
durchschauen. Ist doch sein Kiel eine wurmstichige Petrus=
legende, seine Rippen zum guten Teil falsche Dekre=
talen, Usurpationen und Erschleichungen, sein alle
Maßverhältnisse überfteigender Maftbaum die Unfehl=
barkeit! Der Fahrwind ist der Sturmwind des Fana=
tismus, von dem man nie weiß, wann er in zerstö=
renden Orkan ausarten wird. Wir folgen nicht. Wir
ziehen vor, statt ins fabelhafte Goldland mit zu ziehen,
unser gut deutsch=protestantisches Land im Schweiß
unsres Antlitzes zu bauen. Es hat uns seither er=
nährt und wird uns ferner nähren. Diejenigen unsrer
katholischen Brüder, die im romantisch=mittelalterlichen
Dorado nicht gefunden haben oder finden werden, was
sie erhofften, sind herzlich eingeladen, mitzubauen. Die
deutsch=protestantische Erde wird auch sie nähren. —

Leo XIII. ist seiner Sache und seines Sieges so
gewiß, daß er bereits dem Maler Seitz Auftrag ge=
geben hat, in den vatikanischen Galerien in einer Reihe
von Bildern den Triumph des Thomas von Aquino
über die ungläubige Philosophie und Theologie dar=
zustellen. Was ihm und der durch ihn geförderten

neurömischen Wissenschaft so große Zuversicht eingeflößt
hat, das ist die Thatsache, daß jene mit dem vorigen
Jahrhundert beginnende großartige philosophisch = theo=
logische Entwicklungsreihe auf protestantischem Gebiet in
Eduard von Hartmann und Strauß zu einem gewissen
Abschluß gekommen ist. Der moderne Katholizismus
erhebt sein Haupt, weil er glaubt und es tausendfältig
ausspricht, in der Entwicklung von Kant, Fichte, Schleier=
macher, Schelling, Hegel auf Schopenhauer, Vogt, E.
von Hartmann, Strauß habe der Protestantismus sein
definitives Fiasko besiegelt, ebenso, wie in der Ent=
wicklungsreihe von Goethe=Schiller auf Heine, Heyse
und die modern deutschen Zolas. Das Bild Leos
stimmt zwar nicht, denn nicht Thomas von Aquino
hat jenes angebliche Fiasko der deutsch=protestantischen
philosophisch=theologischen Gedankenwelt verursacht. Viel=
mehr hat der Katholizismus, während der deutsch=pro=
testantischen Entwicklung vom letzten ins gegenwärtige
Jahrhundert herein, gegenüber jenen großen Geistern
eine durchaus untergeordnete Rolle gespielt.

Ferner haben sich neben jener Entwicklungsreihe
im Protestantismus immerfort neue entwicklungsfähige
Keime gebildet, welche auch in der Zukunft die Auf=
gabe desselben, die christlichen, sittlich=religiösen Ideen
in reinerer, nicht mittelalterlicher Form zu verwirk=
lichen, erfüllen werden. Es ist gar kein Zweifel, daß

der moderne Katholizismus eine Macht geworden ist, welche man ernst nehmen muß. Angestachelt durch den Gegensatz zum deutschen Protestantismus, herangebildet zum großen Teil mit den Geisteswaffen desselben Pro= testantismus ist der deutsche Katholizismus uns zum ernsthaft zu nehmenden Gegner erwachsene. Seine Waffen sind zum großen Teil vergiftete. Aber er arbeitet. Er arbeitet unermüdlich. Auf den deutschen Prote= stantismus allein wird es ankommen, ob jenes verfrühte Thomas=von=Aquino=Bild des Papstes Leo zur Wahrheit werden, oder ob wir dereinst ein dem Niederwaldbenkmal ebenbürtiges Siegesdenkmal als Ab= schluß des Kampfes gegen den modernen Romanis= mus errichten dürfen. Es wird Leos Ruhm bilden, daß er nach dieser Richtung viel mehr geleistet hat, als sein Vorgänger. Da wir keine Ursache haben, den Gegner zu verketzern, so sei dies ausdrücklich konstatiert, auf die Gefahr hin, daß diese Anerkennung unter jenen famosen „protestantischen Bekenntnissen" der Überlegen= heit des Romanismus vor den lächerlich prunkvollen römischen Triumphwagen gespannt werden sollte.

VIII.

Leo XIII. als Förderer der spezifisch katholischen Frömmigkeit.

Leo XIII. weiß der katholischen Welt immer etwas neues zu bieten, um ihr Interesse fortgesetzt in Atem zu halten. Schon drei außerordentliche Jubiläen mit reichen Ablässen hat er ausgeschrieben, das letzte Mal am 22. Dezember 1885. Er hat zum Josephs=Mo= nat, dem März, zum Marien= und Herz=Jesu=Monat, dem Mai und Juni, nun noch den Rosenkranzgebets= Monat hinzugefügt, den Oktober, sodaß neben den alt= christlichen Festen und den im Mittelalter hinzugekom= menen spezifisch römischen Festen nun bald jeder Monat durch diese neukatholischen Andachten völlig ins kirchlich=römische Interesse hineingezogen ist. Vielleicht weiht sein Nachfolger vollends den September einem spezifisch katholischen Kulte, sodaß für die deutschen Katholiken nicht einmal mehr Raum bleibt für die Bethätigung ihres Patriotismus am Sedantag. Die Berliner „Post" hat freilich schon vor fünf Jahren konstatiert, daß die größeren katholischen Blätter keinen Raum für Seban übrig hatten. Ein einziges, ja, aber zur Verhöhnung des Sedantages! Leo hat auch in die große Lauretanische Litanei den Passus eingefügt:

„Königin des heiligsten Rosenkranzes, bitt für uns". Es ist nach dieser Richtung bemerkenswert, daß die meisten der großen Rundschreiben Leos am Schluß zur „Anrufung Unserer Mittlerin (conciliatrix), der unbefleckten Himmelskönigin und der Uns bestellten Fürbitter, ihres Bräutigams, des heiligen Joseph, des himmlischen Patrones der Kirche, und der heiligen Apostelfürsten Petrus und Paulus" aufriefen. Wie unter Leos Pontifikat neue Marienkulte sich bilden, möge folgende erstaunliche Geschichte zeigen:

Maria von Neu-Pompeji.

Man erinnert sich des seltsamen altrömischen Festes in den Ruinen von Pompeji aus Anlaß des Erdbebens von Jschia, welches so schlechten finanziellen Ertrag abgeworfen hat. Nicht minder phantastisch, aber finanziell aufs glänzendste fundiert ist das römisch-kirchliche Neu-Pompeji, das sich seit zwei Jahren begonnen hat bei Pompeji anzusiedeln. Neu-Pompeji wird in wenig Jahren ein zweites Lourdes werden, ja Lourdes weit in Schatten stellen. Pompeji ein Wallfahrtsort, nicht mehr bloß für Touristen und Altertumsforscher, sondern für marienverehrende Katholiken! Das ging so zu: Der Advokat Bartolo Longo, durch die Madonna del Rosario unter vermittelnder Assistenz der S. Katharina di Siena von schwerer Krankheit befreit, hat es sich zur Lebensaufgabe gesetzt, den Marienkult zu verbreiten. Dicht neben dem alten pompejianischen Amphitheater steht bereits eine prachtvolle Wallfahrtskirche, schon während des Baues von vielen tausenden von Wallfahrern besucht. Das

wunderthätige Bild der Maria del Rosario, bei einem An=
tiquar um wenige Lire erstanden, hat schon tausende von
Miracoli (meist Krankenheilungen) verrichtet. Die Madonna
von Pompeji hat einen kostbaren Altar, wie ihn nur wenige
Kirchen besitzen. Ihr Thron hat 150000 Lire gekostet. Einen
eigenen Kardinal, Monaco la Valetta, hat Leo XIII. nach
Pompeji entsendet, um die Madonna di Pompeji mit einer
diamantenen und smaragdenen Krone unter ungeheuren
Feierlichkeiten zu krönen. Der Bischof von Nola hat zu den
Festlichkeiten, die vom 1.—15. Mai dieses Jahres zur Ein=
weihung dieses Neu=Pompeji und seiner Kathedrale statt=
fanden, einen eigenen solennen Hirtenbrief erlassen, in dem
es heißt: Jenes Stück Erdboden, welches durch schmachvolles
Heidentum eine Stätte des Fluches war, (welches seither
allen Freunden einer großen Vergangenheit zum erhebenden
Sammelort gedient hat, sagen wir) könnte dasselbe nicht
durch Marias Schutz sich in eine Stätte des Segens ver=
wandeln? „In wenig Tagen wird Maria del Rosario in
der neuen Kirche von Pompeji auf den glänzenden Thron
gesetzt, den ihr die Liebe ihrer in aller Welt zerstreuten
Kinder errichtet hat.“ Seit einigen Jahren erscheint in Pom=
peji nuova eine von dem Advokaten Bartolo redigierte Mo=
natsschrift „Il Rosario e La nuova Pompeji“. Sie hat
schon zweimal den päpstlichen Segen erhalten. Die Abon=
nenten nehmen an dem Ertrag von sieben Messen an dem
privilegierten Altar der Kirche teil, ebenso an der Messe des
ersten Sonnabends in jedem Monat, sowie an drei Messen,
welche im November für alle lebenden und gestorbenen Brü=
der gehalten werden. Außerdem hat jeder Abonnent das
Recht, seinen Namen der Kirche zu Neu=Pompeji behufs
Einschlusses ins Gebet zu übersenden. Diese Namen werden

in der Zeitschrift veröffentlicht unter der Überschrift: „Verein für Rosenkranzgebete". Die Monatsschrift enthält lange Reihen von Beitragsspenden aus aller Herren Länder für das neue Heiligtum. „Omnipotente Tesoriera di Deo" wird darin Maria genannt, allmächtige Schatzverwalterin Gottes. Es gebricht der Redaktion des Rosario an Raum, alle „Miracoli" aufzuzählen, welche die Königin von Neu= Pompeji schon verrichtet hat. Dann erfährt man die Pil= gerfahrten zum Heiligtum. Manche werfen sich barfuß zu den Füßen der „großen Königin des Universums", wieder andre bewegen sich kriechend von der Thüre zum Altar und machen mit der Zunge das Kreuzeszeichen auf dem Fuß= boden, oder lecken den Boden von der Thür bis zum Altar. Maria fungiert als Advokata, als Rechtsbeistand am Thron Gottes. „Gott vermittelt durch die Vermittlung seiner Mut= ter Barmherzigkeit." „Die Vorsehung Marias spendet Gna= den." „Alle Gnadengabe ist in Maria zu finden." Sie ist die Himmelskönigin, die himmlische Retterin. Sie und ihr Bild seien taumaturga, wunderthätig 2c. 2c.

Wir haben im Vorstehenden Ursprung und Elemente eines neuen, an höchst bedeutsamer, wiederum ungemein ge= schickt gewählter Stelle gegründeten Marien= und Wallfahrts= kultus geschildert. Unser Urteil hierüber erlaube man uns in die schlichte Frage zu kleiden: Was wird wohl Maria selbst, was wird Gott zu den abgeschmackten Verirrungen dieses Kultus sagen?!

Die katholischen Kulte wechseln wie die Mode. Neben dem Herzjesu=Kult, der, wie unter Pius IX., so unter Leo XIII. die größten Fortschritte macht, ist es vor allem die Marienverehrung, welche immer neue

Schößlinge treibt. Die sogenannten Lourdes-Grotten, die an der ursprünglichen Lourdes-Grotte „angerührten" Bilder, Rosenkränze ꝛc., das für alle möglichen Schäden verwendete Lourdes-Wasser spielt eine immer größere Rolle. Bereits mußte eine katholische Buchhandlung, die Auer'sche zu Donauwörth, folgende ergötzliche Annonce erlassen:

„Zur gefälligen Kenntnisnahme. Lourdeswasser wird sehr häufig in übermäßigen Quantitäten verlangt. Aus diesem Anlaß sehen wir uns genötigt, wiederholt zu bemerken, daß im Bedarfsfall einige Tropfen dieses heiligen Wassers, mit wahrer Andacht angewendet, genügen, um in einem Leiden Hilfe durch die gnadenreiche Himmelsmutter zu erlangen. Fünf bis sechs Fläschchen ist das höchste Quantum, welches wir für die Folge abgeben können."

Es gehört zur Signatur des Pontifikates Leos, daß das katholische Volk auch in Deutschland schon so kritiklos, so verjesuitet worden ist, daß nachgerade auch der Gebildete unbesehen jede Art von kirchlichem Aberglauben sich bieten läßt, daß der Aberglaube und die quantitative, sich in unzähligen Kultusakten genugthuende, hunderttausende von Jahren Ablaß erwerbende Kirchlichkeit so ungeheuer zunimmt.

Darf es uns noch Wunder nehmen, wenn im „Leo", dem 41000 Abonnenten zählenden erbaulichen Paderborner Blatte, allen Ernstes von einem Marienbilde erzählt wird, es habe sich schwer und unverrückbar ge

Brecht, Papst Leo XIII.   7

macht, um den Platz zu bezeichnen, an dem es bleiben
und eine Kapelle haben wollte; es habe dem Bischof,
der ihm nach langer Vernachläſſigung den rechten Platz
angewieſen habe, hold zugelächelt, es ſei, als man ein=
mal die übliche Prozeſſion, um des Regens willen, un=
terlaſſen habe, ſelbſt durchs naſſe Gras gewandelt, um
zu eifrigen Prozeſſionsgängen anzuſpornen. Man habe
am Gewande des Bildes am andern Morgen die Regen=
ſpuren wahrgenommen.*) Das Blatt, oder vielmehr

---

*) Vielleicht wird uns Dr. Rebbert, der ſtreitbare
Redakteur jenes Blattes, zur Antwort geben, was ſchon
der antike Polytheiſt auf derartigen Spott der Chriſten er=
widerte: Nicht das Bild hat ſich ſchwer gemacht, hat ge=
lächelt, iſt durchs Gras gewandelt, ſondern Maria, die Him=
melskönigin und Mittlerin, hat das alles an und mit dem
Bilde gemacht, allgegenwärtig und allmächtig, wie ſie nun
einmal geworden iſt. Wir werden uns mit dieſer Antwort
gerne zufrieden geben, ohne natürlich im geringſten unſer
Urteil über ſolch heidniſche Verirrungen einer überſpannten
Marienverehrung zu ändern. O dieſe frivolen Rationaliſten!
wird man da jammern. Genau ſo „frivol=rationaliſtiſch“
waren die chriſtlichen Polemiker der erſten Jahrhunderte
gegenüber den augenverdrehenden, lächelnden, weinenden,
liſpelnden, krankenheilenden, weisſagenden Apollo=, Iſis= und
Herakleebildern. Der traurige kulturhiſtoriſche Unterſchied
iſt nur der, daß im 19. Jahrhundert auf chriſtlichem Boden
dieſelben Wahngebilde zu bekämpfen ſind, welche vom 1.—4.
Jahrhundert die chriſtlichen Polemiker auf heidniſchem Boden

die Religionspartei, welche uns Protestanten, die wir
ob solchem Unsinn lachen, des „ungläubigen Rationalis=
mus" beschuldigt, klaubt aber andererseits wieder da und
dort abergläubische Gebräuche, welche sich gegen den
Willen der protestantischen Kirche im protestantischen
Volk erhalten haben, triumphierend auf und behauptet:
Ihr Protestanten seid die Abergläubischen und nicht
wir Katholiken. Eine wahrhaft erstaunliche Polemik!
Auch die Heilig= und Seligsprechungen Leos ver=
dienen hier als charakteristisch genannt zu werden. Wie
er im vorigen Jahre den Jesuiten alle ihre Privilegien
und Vollmachten, welche die jedes andern Orden weit
übertreffen, für alle Zeiten bestätigt und ausdrücklich
das längst von Pius VII. im Jahre 1814 zurückge=
nommene Aufhebungsdekret des Papstes Clemens XIV.
gegen den Jesuitenorden nochmals für ungültig erklärt
hat, so hat Leo schon im Jahre 1879 die Magdalene
Barat, Stifterin der „Dames du sacré cœur", einer
weiblichen Jesuiten=Kongregation, seliggesprochen.*) Von

bekämpft haben. Auch die Christen mußten sich ἄθεοι und
gottlos frivole Rationalisten schelten lassen, wie wir Prote=
stanten, welche im 19. Jahrhundert versuchen, unsre katho=
lischen Mitchristen von der Thorheit und Schriftwidrigkeit
ihrer Marienvergötterungen zu überzeugen.

*) Wer die häufigen Eifersüchteleien der katholischen
Ordensfamilien unter einander kennt, weiß, daß man solche
Symptome nicht übersehen darf.

dem Bettler Labre, welchen Leo heilig gesprochen, be=
merkte im vorigen Jahrhundert der proteſtantiſche Hiſto=
riker Schlözer bei einem Beſuche in Rom, es ſei gut,
daß wir in einem ſo aufgeklärten Zeitalter leben, ſonſt
würde ohne Zweifel dieſer ſchmutzige Bettler heilig ge=
ſprochen werden. So ändern ſich die Zeiten! — Auch
das Schreiben Leos vom 3. September 1887 und die
Heiligſprechung, welche es uns in Ausſicht ſtellt, iſt
intereſſant. Der Bruder Klaus von der Flüe, um
deſſen Heiligſprechung es ſich in jenem Breve handelt,
lebte im 15. Jahrhundert in der Schweiz. Er iſt, wie
Labre, ein intereſſanter Vertreter des römiſchen Heilig=
keitsideals. Er hat, nachdem ihm ſeine Frau zehn Kin=
der geboren hatte, ſeine mittelloſe Familie verlaſſen, als
das jüngſte dieſer Kinder vierzehn Wochen alt war, und
gab ſich den ſpezifiſch römiſchen Frömmigkeitsübungen
des Wallfahrens, Faſtens und Einſiedellebens hin. Wäh=
rend er in ſeinen religiöſen Anſchauungen eine große Ver=
wandtſchaft mit den antipäpſtlichen „Gottesfreunden“ zeigt,
hat ihm die Sage eine Reihe von viſionären Warnungen
vor dem Proteſtantismus in den Mund gelegt, was ihn
natürlich dem heutigen Katholizismus beſonders teuer
macht. Papſt Leo ſpricht denn auch die Hoffnung aus,
daß die himmliſche Fürbitte des Bruder Klaus alle
Irrenden wieder zur katholiſchen Kirche zurückführen und
die Glaubenseinheit wiederherſtellen werde.

Die Echtheit der Gebeine des Apostels Jakobus zu Compostella in Spanien hat Papst Leo archäologisch, anatomisch und notariell feststellen und beglaubigen lassen und den Katholiken unter Gewährung vieler Ablässe zu glauben und zu verehren befohlen. Man wußte zwar in den ersten sieben oder acht Jahrhunderten von einem spanischen Grabe des von Herodes in Jerusalem hingerichteten Apostels Jakobus nichts, auch hatte kurz vorher der gelehrte Bischof und Kirchenhistoriker Dr. Hefele seine von der päpstlichen abweichende geschichtliche Anschauung von der Sache ausgesprochen, allein Kardinal Manning sagt: Das Dogma überwindet die Geschichte.

Wie wichtig das Vereinswesen ist, das erkennt niemand besser als Leo XIII. Wenn auf protestantischem Gebiet ein neuer Verein entsteht, so muß er erst langwierig Spießruten laufen durch wohl= und übelwollender Freunde Kritik und es muß gut gehen, wenn er mit dem Leben davon kommt. Da kann man hören, ein neuer kirchlicher Verein sei ein Mißtrauensvotum gegen die protestantische Kirche, als hätte sie seither ihre Aufgabe nicht genügend erfüllt, die Kirche müsse alle jene Zwecke selbst erfüllen, womöglich durch die Predigt des Wortes allein erfüllen, und die Vereine thun der Kirche selbst Eintrag. Leo XIII. hat noch nie Furcht gehabt, daß die zahlreichen katholischen

Vereine, die Gliedmaßen der Kirche, dieser selbst Ein=
trag thun. Im Gegenteil: er weiß, daß theoretische
Belehrung für sich allein es nicht thut, daß die Or=
ganisation hinzukommen muß, daß man die feindliche
Organisation durch eigene Organisation bekämpfen muß.
Darum hat er in seiner Freimaurerencyklika aufs
bringendste empfohlen, die so unbequeme, weil so feste
und unerschütterliche Freimaurerorganisation durch die
eigenen festen Verbände und Vereine zu bekämpfen.
Vor allem hat er den Laienmönchsorden der Ter=
tiarier, des dritten Ordens vom heiligen Franziskus,
zeitgemäß reformiert und allgemein empfohlen. Durch
denselben greift die Mönchsorganisation mit unsichtbaren
Klammern ins bürgerliche Leben hinein, so unsichtbar,
daß nach § 2 ihrer Statuten unter Umständen nicht
einmal der Ehemann es erfährt, wenn seine Frau Mit=
glied des Tertiarierordens geworden ist. Sie enthalten
sich des Luxus, der weltlichen Vergnügungen und fasten
und beichten öfters, als die übrigen Laien. Sie tragen
als Abzeichen Skapulier und Gürtel, ohne welche sie
ihrer Privilegien verlustig gehen. Diese Privilegien
sind ungeheuer. Ein Tertiarier kann leicht hundert=
tausende von Jahren Ablaß, d. h. Befreiung von zeit=
lichen und im Fegfeuer zu büßenden Sündenstrafen er=
langen, sodaß er für sich und viele andere eine Fülle
von Indulgenzen erwirbt. Durch die Abläße werden

die Katholiken zu den verschiedenartigsten kirchlichen Lei=
stungen und Organisationen angefeuert.

Nachdem Leo am 30. Mai 1883 den Tertiariern
vom Franziskanerorden ihre Neuorganisation gegeben,
hat er 1884 durch ein Breve zur hundertjährigen Ju=
belfeier der marianischen Kongregationen diesen religiösen
Verein empfohlen. Derselbe beginnt sich unter anderm
auch an den Gymnasien zu verbreiten. 1885 hat Leo
den Vincenz=Vereinen zur Krankenpflege seine Aufmerk=
samkeit zugewendet und den Vincenz von Paula zum
allgemeinen Patron der Werke der christlichen Nächsten=
liebe ernannt. Nebenbei gab er durch ein Breve vom
12. Mai 1882 zur Reformierung, d. h. jesuitischen Ro=
manisierung des griechischen Basilianerordens in Galizien
Anlaß. Bei solch reger Pflege ist es begreiflich, welch
großen Aufschwung das katholische Vereinswesen genom=
men hat; zumal in Deutschland, wo es gilt, die Ka=
tholiken von der Berührung mit den Ketzern abzusperren,
umfassen die katholischen Vereine bald alle Stände und
Berufsklassen.

IX.
Leo und die römischen Intransigenten.

Der Redakteur des „Journal de Rome“, Des Houx,
hat seinem Zorn über seine Entlassung gegen Leo da=
durch Luft gemacht, daß er eine bissige, an intimsten

Enthüllungen und Genrebildern aus dem Leben des Vatikans nicht arme Schrift mit dem Titel: „Die Gesellschaft des Vatikan" geschrieben hat. Den roten Faden in derselben bilden die Anklagen gegen die Peruginer Politik Leos. Leo habe, während er nach glänzendem Beginne seiner diplomatischen Laufbahn als Bischof in Perugia fast vierzig Jahre von dem mißtrauischen Antonelli gefangen gehalten worden sei, nach und nach eine Art frondierenden Hofes um sich gebildet, bestehend aus denen, welche die schroffe Politik des Papstes Pius IX. nicht gebilligt und eine diplomatisch gemäßigte, schlau berechnende Politik für zeitgemäß erachtet haben. Leo und seine Partei haben so geschickt operiert, d. h. dissimuliert, daß dennoch der diplomatische Peruginer und nicht ein schroffer Eiferer zum Nachfolger des Papstes Pius gewählt worden sei. Dann habe Leo als Papst nach sechsjähriger Zurückhaltung jene peruginische Politik begonnen, nachdem „durch ein mächtig organisiertes Schmeichelsystem und durch die ersten Anerkennungen Ferrys und Bismarcks sein Selbstvertrauen maßlos gesteigert" war. Er habe dann nicht mehr in den Freimaurern, wie bisher, sondern in den Intransigenten die größten Feinde Roms erblickt und jene Versöhnungen mit den Staatsmännern Europas angebahnt, beruhend auf der Überzeugung, daß zwischen der katholischen Kirche und der neuen (nach Des Hour revolutionären) Welt kein prinzipieller Widerspruch, sondern bloßes Mißverständnis sei, großgezogen durch die Intransigenz Pius IX. und seiner Vorgänger und darum zu verscheuchen durch Nachgiebigkeiten und Höf= lichkeiten. In dem Friedensschluß mit Deutschland sieht der intransigente Des Houx die umgekehrte Epopöe von Kanossa: „die peruginische Politik warte im Schnee bar= fuß auf die gute Laune und Verzeihung der bürger= lich=staatlichen Macht". Er droht dann zähneknirschend: „Die Peruginer spekulieren noch auf die mehr als sol= datisch gedrillte Disziplin aus der Zeit Pius IX. und meinen ihr Ansehen durch Gewaltthätigkeiten zu festigen. Der Gehorsam wird ihnen gezollt. Aber die verborgene Anhänglichkeit der Herzen fehlt ihnen." Der entlassene Journalist schreibt eine Karrikatur, das dürfen wir nicht vergessen.

In der deutschen Journalistik begegnet man häufig dem entgegengesetzten Urteil über Leos Regierungsgrund= sätze und Politik. Da heißt es, der neue Papst habe in der ersten Periode seines Pontifikates eine mehr rationalistische, aufgeklärte, vom Piusschen Unfehlbar= keitsdünkel abgekehrte und für die moderne Welt auf= geschlossene Politik verfolgt. Da haben sich endlich die Jesuiten und Intransigenten, welche schon den liberalen Kardinalsekretär Franchi aus dem Weg geräumt haben sollen, dem Papste so unangenehm gemacht, daß er mit

der Jesuitenbulle vom vorigen Jahre wieder ins Fahrwaſ=
ſer des Intranſigententumes umzulenken begonnen habe.

Für unſere Unterſuchung iſt es herzlich gleichgiltig,
wer Recht hat, der Journaliſt Des Houx, welcher die
ſchroffe Periode in die erſten ſechs Jahre Leos verlegt,
oder die umgekehrte Anſchauung. Für uns iſt das
völlig gleichgiltig, denn eine Analyſe ſeiner Erlaſſe und
Thaten hat uns gezeigt, daß dem Proteſtantismus und
der modernen Kulturwelt gegenüber Leos Stellung von
Anfang bis heute dieſelbe geblieben iſt. Ob der Papſt
den Staatsmännern gegenüber opportuniſtiſch, diplo=
matiſch, liſtig operiert, wie Des Houx meint, oder ob
er ſchroff und ſcharf vorgeht, ſoviel iſt gewiß, daß Er=
folge des Papſttums mittelbar oder unmittelbar dem
Proteſtantismus zum Nachteil gereichen. Ein Staat
und ein Proteſtantismus, der ſtarke Nerven, einen feſten,
männlichen Willen und unverrückbare Ziele hat, braucht
ſich um römiſche Telegramme und Encykliken, um die
Wetterſtrahlen der Intranſigenz oder die Friedenstauben
des päpſtlichen Opportunismus überhaupt nicht zu küm=
mern. Es iſt ein Zeichen großer Nervenſchwäche
und unſicherer Prinzipienloſigkeit, wenn man
jetzt ſo vielfach. den Erörterungen begegnet, ob
der Papſt eine friedliche oder eine intranſi=
gente Richtung habe. Für uns bleibt er der Papſt
und wir für ihn die abgefallenen Ketzer. Sein Ziel

bleibt immer dasselbe und unſer Ziel muß immer das=
ſelbe bleiben. Wenn aber dem Zweck des Papſtes die „Frie=
densliebe“ einmal dienlich erſcheint, warum ſollte er·nicht
auch mit dieſem Mittel dem Ziel der Weltherrſchaft näher
zu kommen ſuchen?!

X.

Leo und der Kirchenſtaat.

Es iſt nicht genügend bekannt, daß Pius IX. ne=
ben dem Dogma von der übernatürlichen Geburt Mariä
und der Unfehlbarkeitslehre die römiſche Kirche mit ei=
nem dritten Dogma, der Lehre vom Kirchenſtaat,
beſchenkt hat. In § 9 des Syllabus (75 und 76)
werden „die Irrtümer über die weltliche Herrſchaft
des römiſchen Papſtes“ auf Grund von ſechs früheren
Allokutionen und Sendſchreiben verdammt und aus=
drücklich betont, daß alle Katholiken an der vom
Papſte vorgeſtellten und dargelegten Lehre von der
weltlichen Herrſchaft des Papſtes unverbrüch=
lich feſthalten müſſen (firmissime retinere debent).
Es iſt daher ganz korrekt, wenn die Civiltà Heft 775,
Seite 80, die Wiederherſtellung des Kirchenſtaates im
Anſchluß an Luk. 10, 41 das einzig notwendige nennt
und im 657. Hefte ſagt: „Die Notwendigkeit der ter=
ritorialen Souveränetät des Papſtes beruht auf einer
Lehrentſcheidung, welcher kein Katholik widerſprechen

darf." „Die Kirche kann in dieser Lehrentscheidung
nicht irren."

Leo XIII. hat schon als Karbinalbischof von Pe=
rugia sich ähnlich, wie die Jesuiten von Maria Laach
die Verteidigung der Syllabussätze zur ganz besondern
Aufgabe gemacht und sich neunmal bischöflichen Pro=
testen gegen die Entziehung des Kirchenstaates ange=
schlossen, neunmal selbständig protestiert und einmal
eine gerichtliche Verfolgung erlitten, welche mit Frei=
sprechung endete. Kein Wunder, wenn er schon in sei=
nem ersten Rundschreiben, kurz nachdem Pius noch vor
seinem Tode gegen die Thronbesteigung Humberts I.
protestiert hatte, die alten Proteste des Papstes Pius IX.
wiederholte und seitdem unausgesetzt die katholischen Völ=
ker ebenso, wie die Diplomatie zum thätigen Einschreiten
gegen die italienische Regierung anzutreiben suchte.

Der Kirchenstaat, das Eigentum der oströmischen
Kaiser, ist bekanntlich im achten Jahrhundert von den —
vom Papste ins Land gerufenen — Franken dem Papste
geschenkt worden, und der rechtmäßige Souverän der römi=
schen Bischöfe, der Kaiser von Konstantinopel, unterließ
nicht, gegen diese eigentümliche „Schenkung" eines Landes,
das weder dem Schenker noch dem Beschenkten gehörte, zu
protestieren. Man hörte freilich auf seine Proteste eben=
sowenig, wie jetzt die italienische Regierung auf die Pro=
teste des Papstes. Welche Rolle die gefälschte Urkunde

von der konstantinischen Schenkung des Kirchenstaates
an die Päpste bei der Erwerbung des Kirchenstaates
spielte, ist bekannt. Nichtsdestoweniger erklärt der Papst
durch seinen Staatssekretär Rampolla am 22. Juni
1887: „Der Papst kann seine geistliche Gewalt über
zweihundert Millionen Unterthanen nicht in ersprieß=
licher Weise ausüben, ohne mit jenem äußern Glanze
umgeben zu sein, welchen die Vorsehung ihm ver=
liehen hat" und verlangt Zurückgabe „des teuersten
und kostbarsten, was die Päpste besitzen." Obwohl die
römischen Bischöfe achthundert Jahre lang ihr Amt
ohne selbständigen Landbesitz, als Unterthanen heidni=
scher und christlicher Kaiser — oft in stürmischer Zeit
— verwalteten, obwohl der Ursprung des Kirchen=
staates auf Legitimitätsbruch, Untreue und falsche Ur=
kunden zurückzuführen ist, obwohl die Geschichte des
Kirchenstaates an Skandalen reicher ist als jede andere,
trotzdem erklärt Pius den Kirchenstaat für unverbrüch=
lich festzuhaltende katholische Lehre und Leo nennt die
weltliche Herrschaft das teuerste und kostbarste, was die
Päpste besitzen. Die „Germania" aber erklärt den Kir=
chenstaat für das älteste Recht der Legitimität in Europa.

Nirgends kann man deutlicher die Notwendigkeit des
Manningschen Satzes erkennen, daß das Dogma die
Geschichte überwinde, als an der Lehre vom Kirchen=
staat. Um den Kirchenstaat zur katholischen Lehre, zum

teuersten Ideal der Päpste umzugestalten, muß man seine ganze Geschichte von Anfang bis zu Ende um=korrigieren. Seine erste Begründung im 8. Jahrhun=dert war so illegal als möglich. Die zweite Begrün=dung, d. h. die Schaffung der absoluten Souveränetät des Papstes und die Vernichtung der mehr oder we=niger selbständigen Territorialherren im Kirchenstaat durch den ruchlosen Papstsohn Cäsar Borgia und den Nachfolger seines ihm ebenbürtigen Vaters, Papst Ju=lius II. ist mit ebensoviel Verrat und blutiger Ge=waltthat befleckt, als derselbe Prozeß, den Ludwig XI. an den großen Vasallen von Frankreich vollzog. Die Kirchenstaatspolitik war genau ebenso treulos und mac=chiavellistisch als die im übrigen Europa. Nach dem Urteil Kaiser Karls V. und König Franz' I. von Frank=reich oft noch um einige Grade verschmitzter, zweideu=tiger und treuloser als die der weltlichen Regenten, welche bekanntlich nach Leos Meinung in den Päpsten ihre Schiedsrichter in ihren politischen und kriegerischen Verwicklungen erblicken sollen. Kurz, wir sehen überall Menschlichkeiten, arge Menschlichkeiten, wo man uns an eine übermenschliche Autorität glauben machen will.

Der Kirchenstaat war bis zum Jahre 1870 neben den jetzt auch vergangenen Bourbonenhöfen und der Türkei das schlechtest verwaltete Land Europas. Die Schul=bildung des Volkes die denkbar geringste, obwohl oder

weil die Kleriker und Ordensleute im Kirchenstaat zahl=
reicher waren, als sonst irgendwo. Dafür war das
Banditenunwesen so entwickelt, daß auf eine Million
Einwohner im Jahre 1854 hundertunddreizehn Mord=
thaten kamen. Unter 4373 Geborenen waren 3160
Findelkinder. Die Inquisition, das Glaubensgericht,
stand in vollster Blüte und der Kapuziner d'Altagena,
der im Jahr 1860 ein Buch über die Notwendigkeit
einer Disziplinarreform der Kirche ohne Erlaubnis sei=
ner Oberen drucken ließ, war nicht der einzige, der die
Auflehnung gegen die päpstliche Glaubenstyrannei mit
Kerkerhaft büßte. Auf zwölf Jahre schweren Kerkers
und Ausstoßung aus seinem Orden lautete der Urteils=
spruch. Nach zweiundeinhalb Jahren wurde er als Kor=
sikaner auf Reklamation Napoleons III. in Freiheit gesetzt.

Leo XIII. freilich traut sich die Kraft zu, aus dem
Kirchenstaat, wenn er ihm zurückgegeben würde, einen
Musterstaat, namentlich sozialer Gesetzgebung zu machen
(Rundschreiben vom 22. Juni 1887). Wir antworten:
Lange genug, volle tausend Jahre haben die Päpste
den Kirchenstaat in Händen gehabt, ohne jemals einen
Musterstaat aus demselben gemacht zu haben. Das geist=
liche Regiment hat sich gerade hier, obwohl es unter den
Päpsten manchen menschlich guten Verwalter gegeben
hat, keineswegs als ein dem weltlichen an Einsicht und
Regententugenden überlegenes erwiesen. Im Gegenteil.

Lange genug haben die Päpste die Fremden ins Land
gerufen, Italien zum Zankapfel der Nationen gemacht, die
Einigung Italiens hintertrieben. So wenig wir Deutsche
jemals das Ideal Windthorsts, Ledochowskys und ihrer
elsässisch-französischen Freunde verwirklichen werden, so
wenig Deutschland den endlich verwirklichten Einheitsge=
danken den Welfen, Polen, Franzosen, Ultramontanen und
Partikularisten zulieb wieder aufgeben wird, ebensowenig
wird Italien jemals Mittelitalien zu einem Versuchsfeld
für päpstliche Toleranz und Sozialpolitik herausgeben.
So gut die Päpste aus den Ereignissen des 8. Jahr=
hunderts ein Dogma gemacht haben, ebensogut sind den
Deutschen und Italienern die Errungenschaften des
Jahres 1870 zum vaterländischen Dogma geworden.

XI.

Papst Leo und die Presse.

Obwohl wir in Deutschland ein hohes Maß von
Preßfreiheit haben, befindet sich der größere Teil der
Presse in einer geradezu sklavenartigen Abhängigkeit.

Die Abhängigkeit von den Parteien bringt es nur
zu oft mit sich, daß die Presse blind loben und blind
tadeln und schelten muß. Loben und schönfärben soll
sie alles, was diesseits der Parteigrenzpfähle sich be=
findet, tadeln alles, was jenseits liegt. Die Presse

dieſer Art hält ſich für den Parteiterrorismus, unter
welchem ſie ſteht, ihrerſeits ſchablos durch terroriſtiſches
Niederhalten und Verfehmen jeder ſelbſtändigen, von
der Parteiſchablone abweichenden Meinung im eigenen
Lager. Selbſtändigkeit gilt ihr als Abfall.

Die zweite Kette, mit welcher die moderne Preſſe ge=
bunden iſt, iſt nicht aus Eiſen, wie die Parteikette, ſon=
dern aus Gold. Was zieht? Was vermehrt die Abon=
nenten? Was ſteigert die Einnahmen? Vor was muß
man ſich hüten? An was darf man nicht rühren, wenn
man keine Abonnements verlieren ſoll? Das ſind die
Grundfragen für hunderte von Blättern. Man ſchreibe
alſo intereſſant, pikant, „anziehend“, aber hüte ſich vor
allem, was Abonnements koſten kann! Man mache
Reklame, Senſation um jeden Preis, und ſchreibe, was
das Volk gerne hat, man kitzle ſeine Eigenliebe. Iſt
einmal durch dieſe Mittel eine anſehnliche Zahl von
Abonnements beiſammen, dann ſtellen ſich die Annoncen
von ſelbſt ein, und man hat ein Geldinſtitut gewonnen,
welches unter Umſtänden viel höhere Dividenden ab=
wirft, als manche rentable induſtrielle Unternehmung.

Die Abhängigkeit von der Partei und vom Gelde,
das ſind die beiden Ketten, welche eine übergroße Zahl
von Zeitungen ihrer Unabhängigkeit, ihres Wahrheits=
mutes berauben.

Die katholiſche Preſſe, noch jungen Datums und

im ganzen ein ſchnell herangewachſenes Kind des Kultur=
kampfes, iſt weniger als jede andere von finanziellen
Rückſichten abhängig. Sie iſt — und das iſt ein ganz
gewaltiger Vorzug, oberflächlich betrachtet — dadurch
finanziell geſichert und unabhängig, daß ihr Leſerkreis
ihr von der Kirche, von Papſt, Biſchof und Prieſter
garantiert und geſichert wird. Wie z. B. kein Ter=
tiarier vom franziskaniſchen Laienmönchsorden in ſeinem
Hauſe irgend eine verderbliche Lektüre dulden darf, und
ſtatutenmäßig verpflichtet iſt, alles „akatholiſche“ und
„widerkatholiſche“ aufs ſtrengſte zu meiden, ſo wird
überall von kirchlich=autoritärer Seite die nichtkatho=
liſche Zeitungslektüre verpönt und als Sünde verfolgt.

So wird für die katholiſchen Zeitungen das Terrain
geſäubert und rein gehalten von allem nichtkatholiſchen,
und dem Volke vorgeſchrieben, kirchlich vorgeſchrieben,
was es an Zeitungen leſen darf. Es iſt derſelbe Pro=
zeß, welcher ſich auf ſtrengwiſſenſchaftlichem Gebiet po=
ſitiv und negativ abſpielt. D. h. ein „ſchlechtes“, ein
ketzeriſches Buch kommt auf den Index und wird, falls
es der römiſchen Indexkongregation erreichbar iſt, zum
Einſtampfen verurteilt, wie des Kirchenhiſtorikers F. X.
Kraus Kirchengeſchichte, 1. Auflage. Das kirchlich gut=
geheißene aber wird mit der kirchlichbiſchöflichen Druck=
erlaubnis (Imprimatur!) verſehen. Wie dergeſtalt der
wiſſenſchaftliche Gedankengang des katholiſchen Volkes, ſo

gut es geht, von Rom aus in den vorgeschriebenen
Bahnen erhalten und alles systemwidrige unterdrückt wird,
so neuerdings immer mehr das ganze litterarische Leben
durch offizielle Kataloge und die Entwicklung der Presse
durch Verbot und Verfolgung aller der katholischen
Kirche unangenehmen Zeitungen und Druckschriften. Die
jesuitisch erzogenen Preßleiter empfinden diesen Zwang,
diese Despotie nicht mehr, zumal in der Hitze des
Kulturkampfes. Sie rasseln triumphierend mit ihren
Ketten und nennen das Glaubenseinheit, was doch
nur durch den ungeheuerlichsten Terrorismus zu stande
gekommen ist!

Die katholische Presse mußte daher, sobald man
einmal begonnen hatte, sich auf dieses wichtige Gebiet
zu werfen, mit Leichtigkeit wachsen und in kürzester
Zeit aus den meisten katholischen Gegenden jedes nicht
katholische Blatt verdrängen. Um es auf eine kurze
Formel zu bringen: die katholische Presse ist finanziell
unabhängiger, als jede andere, weil dem katholischen
Volk vorgeschrieben wird, was es lesen darf. Sie ist
freier als jede andere von finanziellen Rücksichten und
Konkurrenzkämpfen. Eben damit ist nun aber auch
die katholische Presse gebundener als jede andere
Presse durch Parteirücksichten. Sie tadelt nie etwas
zur eigenen Kirche gehöriges, sie schweigt mit eherner
Stirne jeden Ausbruch von katholischem Fanatismus

8*

tot. Alles katholische ist gut. Alles nichtkatholische
wird mit einem Fanatismus verurteilt, der im Prinzip
in jedem ultramontanen Blatt derselbe, nur dem Grade
nach verschieden ist.

Als unlängst die Notiz durch die Zeitungen ging,
der evangelische Pfarrer Thümmel hätte von der ka=
tholischen Kirche oder den Priestern den Ausdruck:
viehisch, tierisch gebraucht, da haben selbst diejenigen
protestantischen Zeitungen, welche dem Pfarrer Thüm=
mel wohlgeneigt sind, jene Ausdrücke aufs strengste
getadelt. Und wenn er so gesagt hätte, wie man
nach den ersten Zeitungsberichten annehmen mußte, so
hätte jeder Protestant das mißbilligt, offen mißbilligt.
Nun halte man aber dem einmal gegenüber die
Haltung katholischer Blätter bezüglich Ausbrüchen des
katholischen Fanatismus. Hat man je einmal ein ein=
ziges Sterbenswörtchen des Tadels gehört über jene
rohen Wutausbrüche der „Eichsfeldia", über jene Arns=
berger Zeitung, welche von einem Luthercancan des
Jahres 1883 redete, über den Fanatismus der römi=
schen Mischehepraxis, über die Proselytenmacherei der
Nonnen, über die römischen Friedhofskandale, über
Papst Leos Schmähurteile über den Protestantismus ꝛc.
Ich könnte einen Preis aussetzen: tausend Mark für
jedes einzige tadelnde Wörtchen, das ein ultramontanes
Blatt gegen irgend einen Exzeß des katholischen Fana=

tismus gebraucht hätte, und ich wäre sicher, für den
Zeitraum eines Jahrzehnts nicht einmal zehntausend
Mark zu gebrauchen. Die „Germania" würde wahr=
scheinlich nur einmal in die Lage gekommen sein, den
Preis zu verdienen, als nämlich Majunke das Gratu=
lationsschreiben des Papstes Urban zur Zerstörung Magde=
burgs ein unflätiges und abscheuliches genannt hat. Sie
verzichtete aber sofort auf den Preis, als man die Echt=
heit des Briefes nicht mehr bestreiten konnte. Da
hieß es: Papst Urban VIII. habe eben im Tone der
Zeit geschrieben. Luther habe noch ärgere Ausdrücke
gebraucht. Eine recht fadenscheinige Beschönigung, na=
mentlich für einen unfehlbaren Papst! Nicht nur tot=
geschwiegen werden alle katholischen Exzesse, nein abge=
leugnet, beschönigt mit frechster Stirn. Eine Verschwö=
rung gegen die Wahrheit ist es, welche nachgerade die
ganze ultramontane Presse umspannt. Wenn also z. B.
ein protestantisches Blatt den Pfarrer Thümmel geta=
delt hat, so wird das sofort von der ultramontanen
Presse als kostbares Zugeständnis aufgegriffen, als will=
kommener Keil zwischen die angeblichen protestantischen
Hetzer und die romanisierenden Protestanten hinein=
getrieben — von einem Eingeständnis des allenthalben
emporlodernden katholischen Fanatismus aber nirgends
eine Spur!!!
Das Schema, nach welchem von dieser, gegen die

Wahrheit verschworenen, Presse verfahren wird, ist also einfach dieses: Man schweigt alles Schlimme auf katholischem Gebiete tot, den Protestantismus aber bekämpft man mit der eigenen scharfen Kritik und mit derjenigen Kritik, welche die Protestanten, wahrheitsliebend wie sie sind, an einander üben. Also Doppelkritik gegen den Protestantismus und — den Staat, und völlige Kritiklosigkeit, ja panegyrische Verhimmelung gegenüber dem eigenen katholischen System und Leben. Das Bild, welches sich darnach von Protestantismus und Katholizismus für die Leser ultramontaner Zeitungen ergeben muß, läßt sich von Jedermann leicht selbst zeichnen.

An Erfolg fehlt es einer solchen, das eigene blind lobenden, gegen alles fremde blind fanatisch dreinschlagenden ultramontanen Parteipresse nicht. Sie wendet sich ja damit an die Lieblingsinstinkte des Volkes. Außerdem ist es viel leichter, in jenem Tone populär und packend zu schreiben, als wenn man sich eine ruhig abwägende, objektivere Haltung zum Grundsatz gemacht hat.

Die deutsche katholische Presse hat den vollen Beifall des Papstes Leo. Begreiflich, denn seine Schmähurteile über den Protestantismus decken sich völlig mit denen der katholischen Presse. Während er die französischen ultramontanen Redakteure mahnen mußte, in ihrer Kritik der Bischöfe Maß zu halten und einig zu sein,

hat er die deutsche Presse ausdrücklich den Portugiesen
in einem Schreiben an den portugiesischen Episkopat
als Muster vorgehalten. Näheres über Leos XIII.
Stellung zur Presse erfahren wir namentlich aus der
Des Hour'schen Schrift. Schon 1879, am 22. Februar,
empfing der Papst, umgeben von den Bischöfen und
Karbinälen Ledochowski, Mermillod, Manning 2c. eine
große Schar von katholischen Journalisten. Die panegy=
rischen Berichte katholischer Zeitungen sprachen von nahe=
zu tausend Journalisten, welche 1302 Blätter vertreten
und 15000 Schriftsteller beschäftigen sollten. Der Papst
mahnte sie vor allem, sie möchten mit allen Kräften
für die Rechte des päpstlichen Stuhles und die Wieder=
herstellung der weltlichen Herrschaft des Papstes kämpfen.
Wir erfahren von Des Hour, daß es sich Leo viel
Geld kosten läßt, seine Blätter zu unterstützen, vor
allem den an die Stelle des mißliebigen „Journal de
Rome" getretenen „Moniteur de Rome". Galimberti,
das vielgebrauchte Werkzeug in allerlei diplomatischen
Missionen, verdankte seine rasche Karriere allein der
geschickten Redaktion des päpstlichen offiziösen Lieblings=
blattes, eben jenes „Moniteur de Rome". Papst Leo
habe geradezu eine Art von neuem Rang geschaffen,
nämlich die „Journalistenprälaten", welche von Leo
unter Umständen allen übrigen vorgezogen würden. An=
bererseits bemerkt der bissige Des Hour: Leo habe

wenig Verständnis für die Presse. .Er suche möglichst
viele Blätter zu gründen, ohne Rücksicht darauf, daß
sie sich nach Grad und Umfang ihrer Wirksamkeit
gegenseitig Abbruch thun müssen. Das hänge mit der
Prachtliebe Leos zusammen, er habe sich eine Art von
Hofstaat der Presse gebildet. Außerdem verkenne er
die Lebensbedingungen der Presse. Einesteils soll die
Presse eine bevorzugte Stelle in der kirchlichen Hierarchie
haben, andererseits aber spricht er ihr jede Kompetenz
in kirchlichen Dingen ab. Sie soll nur seine Inten=
tionen interpretieren, — bei einem infallibeln Papst=
Staatsmann begreiflich, noch begreiflicher bei der eigen=
sinnig autokratischen Natur Leos.

Ob Leo in den Mitteln, die Presse zu fördern,
das eine oder das andere Mal sich vergreift, kommt
für uns nicht in Betracht, sondern nur die Thatsache,
daß auch die Presse in den großen kirchlichen Apparat
eingegliedert ist, ihre Direktive von Rom erhält. Des
Houx ist das sprechendste Beispiel dafür, daß es prin=
zipielle Meinungsunterschiede und Gegensätze unter dieser
wohldisziplinierten Armee nicht gibt, nicht geben darf,
daß bloß die Schwierigkeit zuweilen eintritt, daß sich
diejenigen, welche rascher, entschiedener dem Feind ent=
gegengehen wollen, nicht zurückhalten, nicht zum klugen
Zuwarten und Diplomatisieren zwingen lassen wollen,
— Unterschiede des Temperaments, nicht der Prinzi=

pien. Recht unbequem können solche hitzigen Enfants
terribles werden. Sie warnen rechtzeitig, vorzeitig durch
ihren Lärm den Gegner. Sie zerstören manchmal die
Friedensillusionen gerade dann, wenn man sich von
Rom aus aller Welt als Friedensmacht kundzugeben
beliebt. Sie plaudern die wahren Absichten Roms
aus. Dem Kenner der Kirchengeschichte sagen sie aller=
dings nichts neues. Allein die Kirchengeschichte ist ein
auf protestantischem Gebiet arg vernachlässigtes Ge=
biet.*) Welch naives Erstaunen in der deutschen Presse,
wenn nun einmal wieder eines jener päpstlichen Organe
die wahren Absichten Roms enthüllt, welche Entrüstung
z. B. wenn die Münchener Historisch=politischen Blätter
die Möglichkeit eines Glaubenswechsels der Hohenzollern
erörtern. Nach kanonischem Rechte vermag aber kein Ketzer,
kein Gebannter über Christen zu herrschen. Keine unsrer

---

*) Goethe hat zwar auf der einen Seite gesagt, die ganze
Weltgeschichte setze sich zusammen aus den Kämpfen zwischen
Glauben und Unglauben, andrerseits erklärt er die ganze
Kirchengeschichte für Unsinn. Und die heutige gebildete Welt
hält es lieber mit dem letztern als mit dem erstern Urteil.
Man kramt lieber in alten Keltengräbern und Pfahlbauresten,
als in der Vergangenheit der eigenen und römischen Kirche.
So konnte ein junger Jurist auf die Examensfrage nach
der Bedeutung des Papstes im katholischen System die Ant=
wort geben: Der Papst ist ein ziemlich bedeutender Mann
in der katholischen Kirche.

staatsrechtlichen Grundlagen, weder der westfälische Friede noch der Wiener Friede vom Jahre 1814 und 1815, sind vom Papste anerkannt. Wir haben demnach in solchen Enthüllungen ultramontaner Blätter nichts ver= einzeltes, durchaus nicht intolerante Extravagan= zen Einzelner vor uns, sondern Ausbrüche eines Feuers, das auf der ganzen Linie brennt. Redet also je einmal ein ultramontanes Blatt von der protestan= tischen „Schwesterkirche", so weiß es ganz genau, daß es eine Lüge sagt, daß es gegen die katholische Lehre verstößt, welche unsere Kirche mit ganz anderen Titeln belegt. Da man aber sicher ist, von den meisten Pro= testanten nicht durchschaut zu werden, so gebraucht jene intolerante Presse je zuweilen Toleranzphrasen, welche ihre Gesinnung und ihre Handlungen den Protestanten verbergen, wie der Köhler seinen brennenden Meiler mit Rasen bedeckt, damit er nicht vorzeitig in Feuer aufgeht.

Die protestantische Presse ist, von Natur tolerant, nur notgedrungen intolerant gegen die Intoleranz. Die katholische Presse ist von Natur intolerant und nur aus diplomatischen Rücksichten, um nicht im Zeitalter der Toleranz allen Kredit zu verlieren, zwingt sie sich, uns nicht immer nach dem katholischen Dogma, nach Papst Leos Schmähurteilen zu bezeichnen.

XII.

Papst, Freimaurer, Revolution.

Wie wenig ein Papst fremde Überzeugungen als solche anerkennen kann, das zeigt Leo XIII. nicht bloß in seinen Lästerungen gegen den Protestantismus, sondern insbesondere noch in seiner Encyklika vom 20. April 1884 gegen die Freimaurer. Hier wird der Satz aufgestellt: alles nichtrömische und antirömische gehört zum Reiche des Satans, welches dem in der römischen Kirche aufgerichteten Reiche Christi beständig fortgesetzten Krieg macht. In diesem Reiche des Teufels spielen die Freimaurer eine ganz hervorragende Rolle. Sie vertreten den bloßen Rationalismus und Naturalismus, die Auflösung der Ehe, die Vertragstheorie und Volkssouveränetät auf dem Gebiete des Staatsrechtes: „Alle Menschen haben gleiche Rechte, alles stehe beim freien Volke, die Herrschaft werde auf Geheiß oder mit Erlaubnis des Volkes besessen, so daß die Fürsten bei geändertem Volkswillen auch gestürzt werden können." Die Revolution und Auflösung aller sittlichen Bande folge mit Notwendigkeit aus diesen Lehren der Freimaurer. Maria, „welche von ihrer Empfängnis an den Satan besiegt hat", wird schließlich angerufen, daß „sie sich gegen die gottlosen Sekten mächtig erweise, in wel-

chen jener trotzige Sinn des bösen Geistes mit schran=
tenloser Perfidie und Heuchelei sichtlich wieder auflebt."
„Beschwören wir den Fürsten der himmlischen Geister,
den Überwinder der höllischen Feinde, Michael" ꝛc.
Welches sind denn nun aber die Staatstheorien
der Päpste und der mittelalterlichen Kirche? Wäh=
rend der Apostel Paulus einem verruchten, die Christen
verfolgenden, heidnischen Nero gegenüber, Person und
Amt wohl scheidend, nicht mit Bann, Absetzung und
dergleichen vorgeht, sondern sagt: „Jedermann sei
unterthan der Obrigkeit, die Gewalt über ihn hat",
stellt Gregor VII. folgende staatsrechtliche Theorien auf:
„Der Papst hat die Macht, Kaiser abzusetzen". „Er
kann die Unterthanen vom Treueide lossprechen". „Wie
sollte nicht die weltliche Gewalt, erfunden von solchen,
welche Gott nicht kannten, unterworfen sein der Ge=
walt, welche von Gott herstammt?" „Wer weiß nicht,
daß die Könige und Fürsten von denen ihren Ursprung
herleiten, welche ohne sich um Gott zu kümmern, von
Hochmut, Räuberei, Treulosigkeit, Mord, kurz allen
Lastern getrieben, sichtlich vom Satan aufgestachelt, sich
über gleichberechtigte Menschen (Volkssouveräne=
tät!!) erhoben und aus blinder Herrschbegier und unleid=
licher Anmaßung die Herrschaft an sich gerissen haben".
„Welche nun die Kirche aus ihrem wohlerwogenen Er=
messen zur Herrschaft und zum Kaiserthron erhoben hat,

die sollen nicht nach vergänglichem Ruhm trachten, son=
dern zum Heile vieler demütig gehorchen".

Gregor VII. hat sich niemals gescheut, zur Errei=
chung seiner Zwecke nach diesen Grundsätzen zu handeln
und gegen die legitimen Gewalten die Revolution zu
entfesseln. Er gab einmal Heinrich IV., unserm Kaiser
zu bedenken, „was dem König Saul nach Erlangung
des Sieges, während er mit seinem Triumph prachtierte,
begegnet sei, wie er von Gott verworfen sei". Und wirklich
entsetzte er Heinrich „seiner ganzen Herrschaft in Deutsch=
land und Italien" und entband jeden Christen seines dem
König geschworenen Treueides. Was half es, wenn Hein=
rich ihm zurief: „Du hast dich nicht gescheut, unsere von
Gott stammende Königsgewalt dir anzumaßen, mit deren
Wegnahme du uns zu drohen gewagt hast, wie wenn wir
von dir die Königsgewalt empfangen hätten, wie wenn in
deiner und nicht in Gottes Hand Königtum und Kaiser=
tum stände!" „Wen Gottes Hand auf den Königsstuhl
gesetzt hat, den kann deine Hand nicht herunterwerfen!"

Überall hat die Hierarchie, wo sie mit den legi=
timen Staatsgewalten in Konflikt kam, sich revolu=
tionär ans Volk gewendet und ihre Macht übers Volk
gegen ihre Gegner ausgespielt.*) Daher wundern wir

---

*) Eine der brennendsten Fragen der neurömischen Wissen=
schaft ist Schuld oder Unschuld der Maria Stuart. Bereits
ist Maria Stuarts Seligsprechung als einer Glaubensmär=

uns nicht, im Mittelalter, dem Zeitalter der Hierarchie, bei den hervorragendsten Schriftstellern der Lehre von

tyrerin in Aussicht. Es soll dann wahrscheinlich so peu à peu in Vergessenheit geraten, wie die Päpste dadurch, daß sie die Königin Elisabeth der Herrschaft über England entsetzten und England an Philipp II. von Spanien schenkten, die Revolution in England in Permanenz erklärten, welche Anstrengungen und Umtriebe gemacht wurden, um dem päpstlichen Machtspruch zur Verwirklichung zu verhelfen. Die Ausrüstung der spanischen Armada, Mordanschläge gegen Elisabeths Leben, Verschwörungen — das alles soll wahrscheinlich so nach und nach in Vergessenheit geraten. Man denke sich in jene furchtbaren Zeiten hinein und man wird auch ermessen können, ob Elisabeth, mag die ultramontane Romantik sagen, was sie will, berechtigt war, die Kronprätendentin, welche von solchen furchtbaren Mächten getragen war, zu prozessieren. Notwehr war es, mag die Wissenschaft über Einzelheiten streiten, wenn sich Elisabeth vor dem ihr zugedachten Schicksale, vor dem Schicksal der französischen Könige Heinrich III. und Heinrich IV. und des Oraniers schützte und eine Rivalin prozessierte, welche von 1558 an, vom Tode der katholischen Maria an, den Titel „Königin von England" angenommen hatte, welche durch die furchtbare Babington=Verschwörung auf den Thron von England erhoben werden sollte. Im Seminar zu Reims, wo man ohne Rückhalt die Ermordung einer vom heiligen Stuhl excommunizierten Feindin der Religion als eine gottwohlgefällige That darstellte, hatte schon vor dem Babingtonschen Komplott ein ausgewanderter Engländer Savage den Vorsatz gefaßt, diese heilige Mission zu erfüllen.

der Volkssouveränetät, von der Herkunft des Staates
aus Verabredung der Menschen zu begegnen, so im
Dekret des Gratian, dem ersten Teil des kanonischen
Rechtes, in dem kirchlich approbierten Thomas von Aquino,
bei den Jesuiten, Bellarmin, Mariana, Becanus*) 2c.,
welche die Revolution, die Absetzung, ja die Ermordung
eines Fürsten für erlaubt erklären, namentlich dann,
wenn er ein Ketzer sei oder sonstwie an der katholischen
Kirche sich vergreife. Bei Bellarmin bildet der Grund=
satz der Souveränetät des Volkes die bleibende Grund=
form des Staates, wie schon bei Thomas von Aquino:
Thomas achtet eine Empörung im Staate für zuläsfig,
wenn man gerechte Ursache dazu und Macht hat. Die
Tugendhaften freilich haben gewöhnlich keine Macht und
glauben keine gerechten Ursachen zu haben. Falls aber
beides bei ihnen zusammentrifft und kein Schaden für
das Gemeinwohl zu besorgen ist, so würden sie Sünde
begehen, wenn sie nicht die Empörung unternähmen.
Das ganze Mittelalter ist ferner voll kommunistischer
Ideen. Ein paradiesischer Urkommunismus ist nach der
Lehre des Thomas der menschliche Idealzustand, Eigen=

---

*) Becanus gebraucht das cynische Bild: Wie der
Hirte einen unbrauchbaren Hirtenhund abthue, so habe der
Papst, der Seelenhirte das Recht, einen unbrauchbaren,
ketzerischen Fürsten abzudekretieren. Auch ihn müsse man
unschädlich machen.

tum Folge der Sünde. Nach den Staatsrechtstheorien
des Thomas, welche durchaus diejenigen des Papstes
Gregor VII. sind, in systematischer Form verarbeitet,
wird jetzt Klerus und Volk wieder unterrichtet. Es ist
das letzte Verdienst Leopold von Rankes, in dem siebenten
Bande seiner Weltgeschichte nochmals gezeigt zu haben,
welche furchtbare Flut von Unheil von der Revolution
des Papstes Gregor VII. acht Jahrhunderte. hindurch
vor allem über Deutschland sich ergossen. In den Leh=
ren des Thomas von Aquino läßt Leo XIII. diese gre=
gorianischen Ideen wieder neu aufleben. Wie sehr der
Papst Leo sich in seinen Vorwürfen gegen die Staats=
theorien der Freimaurer geirrt hat, das ist nun leicht er=
sichtlich. Gibt es doch gerade im katholischen Staats=
rechtssystem besten Falls eine bloß bedingte Legitimität,
bedingt durch die Unterwerfung unter Roms und des
Papstes Willen. Gregor VII., die Scholastiker, vor
allem Thomas, die Jesuiten gingen alle weit über die
Lehren der Freimaurer hinaus.

XIII.

Der Papst und die europäische Politik.

Nichts hat den Einfluß des Papsttums mehr er=
höht, als die Spannung der politischen Lage seit fünf=
zehn Jahren. Diese außerordentliche Lage ermöglichte

es dem Papste, jede Macht gegen die andere auszu=
spielen und vor allem, von einer nach der andern Kon=
zessionen zu erlangen. Niemand wagte im spätern
Verlauf dieser fünfzehn Jahre, durch entschiedenes Fest=
halten des antipäpstlichen staatlichen Standpunktes die
revolutionären Kräfte, welche im Katholizismus schlum=
mern und so leicht entfesselt werden können, in seinem
Innern zu entfesseln. Selbst die radikalsten französi=
schen Staatsmänner haben nie mit den kirchenpolitischen
Gesetzen völlig Ernst zu machen gewagt. Immer wußte
die Politik eines Kardinal Bonnechose, eines Leo XIII.
einen großen Teil der Orden vor dem Schicksal der
Austreibung zu bewahren. Wären die Verhältnisse
Europas normale, oder wäre gar die Kirchenpolitik
zweier Staaten wie Deutschland und Frankreich die=
selbe, Hand in Hand gehende, dann wäre das Papst=
tum niemals zu solchen Ansprüchen fortgeschritten, wie
wir es jetzt erleben, dem Anspruch: Schiedsrichter über
die europäische Staatenpolitik zu sein, wie er in den
Encykliken und Breven Leos überall durchklingt und
offen erhoben ist. Der Kirchenstaat ist der wichtige den
Staatenbau zusammenhaltende Schlußstein; fügt man
den wieder ein, dann wird die Revolutionsgefahr und
alle staatliche Verwicklung verschwinden, — so meint Leo.
Welche Wandlungen aber und Kombinationen auch in
der Papstpolitik! Bei der Nachricht von der Schlacht

bei Sadowa hieß es in Rom: Stürzt die Welt ein?!
Hatte man doch im Fall der Niederlage Preußens auf
eine kirchliche Unterjochung Deutschlands nicht blos in
österreichischen Priesterkreisen gerechnet. Im Jahr 1870
nahm nicht nur Napoleon, sondern mit ihm Rom
„Rache für Sadowa!" Nach dem unglücklichen Aus=
gang jenes römisch=französischen Rachekrieges hieß es:
„Uns kann nur noch die Revolution helfen!" Und
Pius IX. drohte mit dem Steinchen des Propheten Daniel,
das ins Rollen kommen und dem Koloß die thönernen
Füße zerschellen werde: Im Jahr 1875, in der Periode
der „Krieg in Sicht"=Artikel der Berliner „Post" war
die römische Diplomatie und vor allem die hohe öster=
reichische Klerisei die Seele einer im Entstehen be=
griffenen und schon weit gediehenen Koalition gegen
Deutschland. Noch im Jahr 1877 hat die Civiltà
das Programm entwickelt: Sobald Frankreich völlig zu.
Kräften gekommen sein werde, müsse es den beiden
neuen Einheitsstaaten, Italien und Deutschland, den
Garaus machen. Noch am Anfang des Pontifikats Leos
hat man ja im Osservatore Romano den Pharaonen,
welche weder durch Flintenschüsse noch durch Dolchstöße
sich zur Nachgiebigkeit gegen Rom bewegen lassen, das
Ertrinken im roten Meere in sichere Aussicht gestellt.

Der ausgesprochene Charakter der Papstpolitik ist
Todfeindschaft gegenüber dem neuen Deutschen Reich

von 1866 bis 1880. Daß daher die Gefühle der ultramontanen Partei durch und durch antideutsch waren und in einem nicht genau festzustellenden Maße bis heute sind, darüber geben wir uns trotz aller römischen Phrasen keiner Täuschung hin. Sie gehen neuerdings bei vielen nach und nach über in eine romantische Schwär= merei für ein nach der Janssenschen Geschichtsschreibung rekonstruiertes mittelalterlich = katholisches Deutschland. Also man würde, nachdem man endlich Augen bekom= men hat für die Größe Deutschlands, allgemach patrio= tisch fühlen und denken lernen unter der Voraus= setzung, daß Deutschland katholisiert wird. Ein Pader= borner Flugschriftchen hat schon im Jahr 1878 bei der Thronbesteigung Leos XIII. neben der Erinnerung an jene abergläubische Prophezeiung auf die Päpste, welche für Leo das Motto gab: Lumen de coelo, an die Vorgänger gleichen Namens erinnert, vor allem an jenen Leo III., der zu Karl dem Großen flüchtete und ihm dann in Rom das verhängnisvolle Geschenk der Kaiserkrone des alten römischen Reiches aufs Haupt setzte. Wann wird Leo XIII., so spannen sich die Gedanken des Dr. Rebbert schon 1878 weiter, dem deutschen Kaiser wieder die Krone aufs Haupt setzen? Wir antworten: niemals; allein derselbe Gedanke der Katholisierung des hohenzollerschen Herrscherhauses und Deutschlands kehrt immer wieder und man sieht deutlich:

9*

auch auf politischem Gebiet ist die Drangabe, oder Ver=
nichtung des Protestantismus die Bedingung, unter welcher
man bereit ist, wahren deutschen Patriotismus zu zeigen.
In einer dem entsprechenden Linie bewegt sich auch die
Politik Leos XIII. Daß der Hintergedanke, Deutsch=
land mit Gewalt oder mit geistigen und diplomatischen
Mitteln zu rekatholisieren, auch die Politik Leos be=
herrscht, wie seine im vorhergehenden betrachteten kirch=
lichen Anschauungen und Maßnahmen, das anzunehmen
gebietet uns schon die Konsequenz. Die Diplomatie
ist eine verschwiegene Kunst. Es giebt also für den
Laien kein anderes Mittel sich über die Ziele und
Richtung seiner Politik zu orientieren, als die genaue
Erwägung der seitherigen Anschauungen, Kundgebungen
und Thaten des Politikers Leo. Wir wollen auf jenes
belgische Intermezzo kein Gewicht legen: daß die libe=
rale belgische Regierung vor einigen Jahren die Be=
weise päpstlichen Doppelspieles in Händen zu haben glaubte
und dem Vertreter der Kurie seine Pässe zustellte. Leo XIII.
sollte telegraphisch die belgischen Bischöfe zum Widerstand
gegen die Staatsgesetze angehalten haben, während er in
öffentlichen Kundgebungen das Gegenteil versicherte und
gebot. Wir legen auf jenes Intermezzo keinen Wert.
Aber die sogenannte Friedens= und Versöhnungspolitik
Leos hat immer den Grundgedanken: der Protestantis=
mus muß überwunden und beseitigt werden.

Bei der Beurteilung der päpstlichen „Versöhnungs=
politik" müssen wir also erwägen: Das Ziel Leos ist
die Rekatholisierung Deutschlands und die Papstherrschaft
über die Welt. Ob dieses wichtigste Ziel der Päpste
mittelst und durch das neue Deutsche Reich besser
gefördert werden kann oder ob der jetzige oder ein fol=
gender Papst wieder zu der offen deutschfeindlichen Politik
von 1866 bis 1880 zurückkehrt und durch antideutsche
Koalitionen dem Ziel näher zu kommen sucht, wird die
Zukunft lehren. . Welche Schwenkung der Papstpolitik
würde z. B. eine erfolgreiche legitimistische Restauration
in Frankreich ergeben! Für alle Fälle aber ist die päpst=
liche Friedens= und Versöhnungspolitik dem Protestantis=
mus viel schädlicher als die schroffe Angriffspolitik, weil
diese auch die große Menge der lauen Protestanten in die
Verteidigungsposition hineintreibt, weil das offen kund=
gegebene Mittelalter jeden Gebildeten abstößt. Jene
aber, die „Friedenspolitik" schmeichelt den gebildeten
und hochstehenden Protestanten die Waffen und Ver=
teidigungspositionen ab, läßt die entschiedenen Gegner
Roms als hetzerische Störefriede, als Schwarzseher ꝛc. ꝛc.
erscheinen. — Wir hoffen soviel Material aus Leos
Kundgebungen und Thaten beigebracht zu haben, um
dem, der überhaupt noch Augen für die Absichten Roms
hat, sie zu öffnen.

XIV.

Der Papst und die innere deutsche Politik.

Es bezeichnete den tiefsten Tiefpunkt der innern politischen Verhältnisse in Deutschland, als der Papst um seine Vermittlung in der Septennatsfrage ange= gangen wurde. Denn dieser Schritt bedeutet das Ein= geständnis, daß es der katholischen Partei durch ihre Obstruktionspolitik gelungen war, die ganze Reichspolitik lahm zu legen; er bedeutet das Eingeständnis, daß man derselben Partei nicht mehr zutraute, daß sie in einer Frage, bei welcher die Entscheidung von Krieg und Frieden „auf des Messers Schneide" stand, auf die Regierung des deutschen Reiches hören werde. Die= ser Schritt bedeutet aber auch, und dies ist das trau= rigste, das Eingeständnis, daß sich aus dreißig Mil= lionen Protestanten keine reichstreue Partei bilden lasse, welche dem sechzehn Millionen Katholiken repräsentie= renden Zentrum mit. seinen revolutionären Anhängseln überlegen wäre.

Das Zentrum wehrte sich gegen jenen Eingriff des Papstes in die innere deutsche Politik und stand damit auf einmal auf dem Standpunkt des Protestantismus. Begreiflich. Denn jene Einmischung des Papstes war ihnen unangenehm. Allein die Päpste haben sich un=

zähligemal in die inneren politischen Verhältnisse der
Staaten eingemischt. Man erwäge nur, wie weit sich
nach dem Syllabus, nach der Encyklika Leos XIII. vom
1. November 1885 die Jurisdiktionsgewalt des Papstes
erstreckt. Was läßt sich nicht in näheren oder entfern=
teren Zusammenhang mit der Religion und den Sitten
bringen!! Leo selbst brachte ja auch den Septennats=
brief in Zusammenhang mit der kirchenpolitischen
Lage der Katholiken, welche durch Zustimmung zur
Heeresverstärkung gewiß verbessert würde! Jene Sep=
tennatsbriefe des Papstes haben der innern Politik des
Deutschen Reiches nichts genützt. Sie haben — und
das ist vielleicht ein indirekter Nutzen —, nachdem alle
Mahnungen Bismarcks seit Jahren vergeblich waren,
den indolenten, nervenlosen Wählermassen gezeigt, wel=
chen Grad von Versumpfung unsere innerpolitischen
Verhältnisse erreicht hatten.

Welchen Einfluß hatte nun aber seither unter Leos
Pontifikat der Katholizismus auf unsere innerstaat=
lichen Verhältnisse? Sicherlich denjenigen, welchen Döl=
linger dem deutschen Reich voraussagte: Der Ultra=
montanismus wird dem deutschen Reich die schleichende
Schwindsucht bringen.

Erwägen wir z. B. einmal, welch kolossales, um=
fassendes Ziel sich der katholische Juristenverein
gestellt hat. Dieser Verein will dem kanonischen mit=

telalterlichen Kirchenrecht zur Geltung im deutschen
Reich, in der deutschen Rechtsprechung und Gesetzgebung
verhelfen.

„Das Idol des Hegelschen Staates", das neue
Zivilstandsgesetz, dieses „Denkmal der Lüge, die in
Deutschland herrscht", „das Tagewerk des verneinenden
Geistes, ja das breifache Zerstörungswerk von Humanis=
mus und Renaissance, des nichtchristlichen römischen
Rechtes, der Reformation und Revolution", die „Täu=
schungen und Trugbilder, von denen unsere geistige und
politische Atmosphäre erfüllt ist", all das muß „durch
gewaltige Umgestaltungen, nicht allein der politischen,
sondern auch der Zivilgesetzgebung", durch Wiederbele=
bung und Geltendmachung des kanonischen Rechtes be=
kämpft und überwunden werden. Dies einige Sätze
aus dem von Domkapitular von Oberkamp entwickelten
Programm des „katholischen Juristenvereins". Die ka=
tholischen Anschauungen sollen zur Herrschaft gebracht,
in succum et sanguinem der Staaten, wie Leo sagte,
hineingearbeitet werden. Nicht um Gleichberechtigung
neben dem Protestantismus, sondern um Verdrängung
aller übrigen Anschauungen handelt es sich auch bei
dem Programm dieses aggressiven Vereins. Er ist
von Leo XIII. ausdrücklich gut geheißen und gesegnet
worden.

Wie jener juristische Ultramontanismus an der

Gesamtheit unsrer juristischen und staatsrechtlichen Be=
griffe rüttelt, ebenso die katholischen Sozialpolitiker
am bestehenden wirtschaftlichen System. Auch die letz=
teren folgen den Impulsen Leos XIII. und seinen
sozialpolitischen Encykliken. Sie reden vom „Kapitalis=
mus" und der „Ausbeutung" mit derselben Ungeniert=
heit, wie die Sozialisten. Einer derselben, der Abgeord=
nete Hitze, meint, es sei dem „sozialen Philister" gewiß
ein furchtbarer Gedanke, die Massen zu organisieren,
dieselben geschlossen ins Kampffeld zu führen; „da
aber der soziale Krieg besteht, so erscheint der organi=
sierte Krieg viel menschlicher und auch viel eher zum
Ziele führend, als der Guerilla=Krieg, wie er heute
herrscht. Und so plädieren wir ganz ohne Bedenken
für Aufstellung der Schlachtreihen". „Die Revolutio=
nen sind geistige Thaten", sagt Hitze und bedenkt sich
keinen Augenblick, mit dem Feuer des sozialen Welt=
brandes zu spielen. Auf der Katholikenversammlung
zu Trier meinte derselbe Sozialpolitiker, der im kleri=
kalen Lager als Autorität gilt, welcher Unterschied denn
eigentlich dazwischen bestehe, wenn der Staat das Be=
sitztum der toten Hand, das Besitztum der Kirchen und
Klöster beschränke, und wenn die Arbeiter das Eigentum
der Fabrikanten und Actiengesellschaften beraubten und
zerstörten. Wir erfahren hier nebenbei ein anderes
mittelalterliches Ideal der Romanisten, den „freien"

Vermögenserwerb zur toten Hand, welcher es in vielen
Ländern zu Stande brachte, daß die katholische Kirche
ein Drittel, ja die Hälfte alles Grundbesitzes besaß
(vgl. Roscher, „Nationalökonomie des Ackerbaues" § 105).
Wie im Jahre 1848 die späteren Leiter der Pius=
vereine im Rheinland größtenteils zur revolutionären
Partei gehörten, so würde die Stellung der neurömi=
schen Sozialpolitiker und ihrer Gefolgschaft in einer
sozialen Revolution dieselbe sein.

Werfen wir noch einen Blick auf das Schulgebiet.
Es ist Leos Prinzipien entsprechend, wie wir gesehen
haben, wenn dem Staat die Initiative in Schul=
sachen entrissen wird. Die Triersche Versammlung
hat den Schulkampf eröffnet. Wir entnehmen der
„Kirchlichen Korrespondenz" über diese Frage folgendes:

Allen Ernstes hat die „Germania" begonnen, den Schul=
kampf zu organisieren und Bundesgenossen unter den kon=
servativen Protestanten zu werben, durch stürmische Aufsor=
derungen an die Kreuzzeitung, anstatt eines schwächlichen
Opportunismus vielmehr die „christliche" Schulidee zu
vertreten. Das Beginnen der „Germania" ist konsequent
und hat den Vorteil, daß nun glücklich wiederum eine „Frage"
gefunden ist, um das katholische Volk ja gewiß nicht zur
Beruhigung kommen zu lassen und fernerhin zu harangu=
ieren. Um aber den katholischen Schulkampf in seiner ganzen
Tragweite zu verstehen, muß man auf die katholische An=
schauung von Staat und Kirche zurückgehen. Papst Leo
hat in seiner Encyklika vom 1. November 1885 das Ver=

hältniß von Kirche und Staat in der altmittelalterlichen Weise unter dem Bilde von Seele und Leib beschrieben, wie der von ihm zum Lehrer der Welt ernannte Thomas von Aquino schon ausführt: der Staat hat ebenso durch die Kirche Leben und Wirksamkeit, wie der Leib durch die Seele. „Was immer im Leben der Menschheit heilig ist, was immer auf das Heil der Seele und den göttlichen Dienst Bezug hat, sei es nun an sich und seiner Natur nach, oder wegen seiner Beziehung zu demselben, alles das ist der kirchlichen Gewalt und ihrem Ausspruch unter= stellt", sagt Leo. Für selbständige sittliche Aufgaben des Staates gibt es neben diesen dominierenden, alles geistige, sittliche, ideale für sich begehrenden Ansprüchen der katho= lischen Kirche keinen Raum. Der Staat ist nach katholischem Recht der gehorsame Diener der Kirche. Er ist der weltliche Arm, der Schutzherr der Kirche, welcher ihre Ordnungen mit seiner Gewalt aufrecht hält. Er hat zu schützen und zu zahlen. Daher verwarfen die Ultramontanen von jeher den Satz, daß der Staat auch ein Gewissen habe, auch ein selb= ständiges sittliches Wesen sei, als eine „unchristliche" Meinung. So wird jeder Versuch einer selbständigen staatlichen Ehegesetz= gebung von der römischen Kirche als „unchristlich" verdammt.

Der Syllabus erstreckt „die kirchliche Verpflichtung, welche katholische Lehrer und Schriftsteller unbedingt bindet, über ihre ganze Thätigkeit (§ 22) und versagt dem Staat völlig das Recht selbständiger Ordnung des Unterrichtswesens (§ 45. 47), ja sogar das Recht, sich überhaupt in Sachen einzumischen, welche sich auf die Religion, die Sitten und die geistliche Leitung beziehen (§ 44)!!

Es ist „unchristlich", wenn der Staat das höhere und niedere Schulwesen von sich aus ordnet. Der staatliche Schul=

zwang ist „unchriſtlich". Daher alſo iſt es ganz konſequent,
wenn die Ultramontanen jetzt für die „Schulfreiheit" der
Kirche gegen den „Staatsgötzen", gegen den „Racker" der
Staatsomnipotenz zu kämpfen beginnen. Zuerſt müſſen die
Kleriker „frei" erzogen werden, d. h. ohne daß die ſtaatliche
Sphäre einen Einfluß darauf hat, ob die Kleriker in ſtaats-
und kulturfreundlichem oder feindlichem Sinne erzogen werden. So wie es der unfehlbaren Hierarchie beliebt, ſie zu
erziehen, ſo muß der Staat damit zufrieden ſein. Wenn die
klerikale Erziehung und das ſtaatliche Intereſſe ja einmal
disharmonieren, ſo iſt das Staatsintereſſe eben ein unrechtes,
bloß vermeintliches. Denn der Fehler an jener Disharmonie
muß auf Seite des Staates liegen, weil die Hierarchie un-
fehlbar, folglich auch ihr Erziehungsſyſtem als Syſtem un-
fehlbar iſt. Der Kirche, d. h. der katholiſchen, muß nun
aber auch die Laienerziehung in Univerſität und Volksſchule,
welche ſeit den „Neuerungen des 16. Jahrhunderts" der
Staat zu Unrecht okkupiert hat, zur oberſten Leitung zurückgegeben werden. Man verlangt daher ganz folgerichtig nach
Leos Encyklika freie Univerſitäten und Reviſion der Schul-
geſetze.

Nach dem Geſetz vom 11. März 1872 ſteht „die Auf-
ſicht über alle öffentlichen und Privat=Unterrichts= und Er-
ziehungsanſtalten dem Staate zu" und alle mit dieſer Auf-
ſicht betrauten Behörden und Beamten handeln im Auftrage
des Staates; unberührt aber durch dieſes Geſetz bleibt die
den Gemeinden und deren Organen zuſtehende Teilnahme
an der Schulaufſicht. In der Praxis iſt das preußiſche
Schulweſen ſtaatlich=kirchlicher Natur. Und wenn man Kreis=
und Lokalſchulinſpektion in gewiſſen Fällen namentlich den
poloniſierenden Geiſtlichen entzogen hat, ſo wird niemand,

der auch nur einen Funken von Vaterlandsliebe hat, wün=
schen, der Staat sollte sich selbst die Hände binden und
mit verschränkten Armen zusehen, wie die unabsetzbaren
geborenen katholischen Schulaufseher sich an Bestand und
Wohl der deutschen Nationalität versündigen. Obwohl nun
die Konfessionsschule auch in Preußen die Regel ist und die
Tendenz herrscht, wo es möglich ist, sie einzuführen und
festzuhalten, obwohl die Kirchen in den Lehrerbildungsan=
stalten und Schulen einen dominierenden Einfluß ausüben,
obwohl man sich ferner kaum einen noch höhern Grad von
Ultramontanisierung denken kann, der durch die Abschaffung
des staatlichen Schulzwangs und Einführung der reingeist=
lichen, inamovibeln Schulaufsicht etwa erreicht werden soll,
so muß es doch einen solchen noch höhern Grad von Ultra=
montanisierung geben. „Die Mütter sind die geborenen
Schulinspektoren", bemerkt der galante Windthorst und „der
Kirche gehört die Volksschule!" „Der Familie und ihrer
einzig legitimen Vertreterin, der Kirche muß die Schule
zurückgegeben werden, wenn sie ihre wahre Aufgabe er=
füllen soll!"

Wie prächtig haben doch im Kirchenstaat bis zum bösen
Jahr 1870 die obersten katholischen Schulinspektoren für
Volksbildung gesorgt! Wie herrlich haben sie unbehindert
vom „Racker" Staat die liebe Jugend unterrichten lassen!
Ein oder zwei Prozent der Bevölkerung in diesem Muster=
staate der Priesterintelligenz konnten lesen und schreiben! Erst
die Konkurrenz gegen die protestantischen Volksschulen in
Rom hat den obersten katholischen Schulinspektor an seine
Versäumnisse gemahnt und zur Thätigkeit angetrieben. (37000
Schüler gab es bis zum Jahr 1861 in ganz Italien. Jetzt
sind es doch schon 1800000. Die Zahl der Analphabeten

ift von vierundfiebzig Prozent auf zweiundfechzig Prozent der
Bevölkerung gefunken. Der „revolutionäre" Staat hat alfo
in Italien die Verfäumniffe der alten direkten und indirekten
Priefterherrfchaft in Italien gut zu machen begonnen. Sein
Vorbild hierin ift — Deutfchland.)

Auf all jene ultramontanen Phrafen ift kurz zu fagen:
Solange wir den Staatsbegriff Leos XIII. und Windthorfts
nicht haben, folange wir dem Staate eine felbftändige fitt=
liche Aufgabe zufchreiben und ihn nicht dazu verurteilen
wollen, daß er in blindem, kritiklofem, gehorfamem
Vertrauen auf die unfehlbare Hierarchie die Bür=
ger unweigerlich fo aus ihrer Hand entgegen=
nimmt, wie fie diefelben nach ihrem Ermeffen gebildet hat,
folange wir den Staat nicht zum Nachtwächter degradiert
wiffen wollen, folange werden wir es bei unferen dermaligen
Schulzuftänden laffen und es ift zu erwarten, daß kein kon=
fervativer Proteftant foweit den proteftantifchen fittlich
felbftändigen Staatsbegriff preisgeben wird, daß er
fich durch die gleißnerifchen Werbungen ultramontaner Blät=
ter zur Bundesgenoffenfchaft im neuen ultramontanen Schul=
kampf werben läßt, daß er an eine Solidarität der konfer=
vativen chriftlichen Intereffen glaubt, wo doch katholifcherfeits
nichts als eine tafchenfpielermäßige Vertaufchung
der Begriffe „chriftlich" und „römifch=ultramon=
tan" vorliegt.

In welch ungeahntem Maße ift nun aber fchon
jetzt in das preußifch=deutfche Staatsfchulfyftem Brefche
gelegt, in welcher Ausdehnung ftrömt die katho=
lifche Jugend den Kongregationsfchulen, den höheren
Töchterfchulen der Nonnen zu! Und was werden die

Folgen sein? Der klerikale Abgeordnete Reichensperger
hat bei jeder Gelegenheit im preußischen Abgeordneten=
haus und im Reichstag die weltlichen höheren Töchter=
schulen verhöhnt und unter großem Beifall die abge=
schmacktesten Aufsatzthemata aus solchen Anstalten aufge=
zählt, von benen er doch jedesmal zugestehen mußte, daß
er sie eben den Zeitungen entnommen hatte — die
„Fliegenden Blätter" bieten eine reiche Auswahl. Da
die Pointe jener Histörchen immer die Empfehlung der
Nonnenschulen war, welche man nun glücklich bekom=
men hat, da es ferner katholischerseits immer als eine
unbegreifliche Anmaßung des Staates bezeichnet wird,
wenn derselbe für katholische Lehranstalten die Lehr=
bücher vorschreiben oder revidieren wolle, so geben
wir zum Schluß dieses Kapitels noch eine Probe von
dem Geiste, welcher in den Nonnenschulen gepflanzt und
gepflegt wird. In dem Catéchisme de la Persévérance,
einem vom Papste und dem Erzbischof von Paris mit
warmen Worten des Lobes sanktionierten Lehrbuche, das
in vielen hunderttausenden von Exemplaren in den Or=
densschulen gebraucht wird, steht auf S. 386 folgendes:
  Frage. Wie gestaltete sich der Krieg gegen die Kirche
während des 16. Jahrhunderts?
  Antwort. Der Krieg gegen die Kirche im 16. Jahr=
hundert war schrecklicher denn je zuvor. Er wurde geführt
durch Luther, Macchiavelli, Zwingli, Calvin, Heinrich VIII.
  Fr. Wer war Luther?

A. Luther war ein deutscher Augustinerbruder, der seine drei Gelübde brach, von der Kirche abfiel, eine Nonne heiratete und gegen die Kirche deklamierte.

Fr. Was schrieb er, bevor er verdammt wurde?

A. Bevor er verdammt wurde, schrieb er an den Papst, daß er seine Entscheidung entgegennehmen wolle wie ein Orakel, das aus dem Munde Jesu Christi käme.

Fr. Was that er nach seiner Verdammung?

A. Nach seiner Verdammung durch Leo X. ergoß er sich in Schimpfreden gegen diesen, gegen die Bischöfe und die katholischen Theologen, vorgebend, daß er allein mehr Erleuchtung habe als die gesamte Christenheit. Er fuhr fort, den Irrtum zu lehren und nachdem er ein sehr an= stößiges Leben geführt, starb er, von einem Gastgelage kommend, wo er seiner Gewohnheit gemäß sich mit Wein und Fleisch im Übermaße angefüllt hatte.

Fr. Wer war Zwingli?

A. Zwingli war Pfarrer von Notre-Dame des Eremites in der Schweiz. Er predigte die Irrlehren Luthers, erlaubte alle Arten von Ausschreitungen, wagte sich öffent= lich zu vermählen, und wurde in einer Schlacht getötet, welche seine Anhänger verloren, obgleich er ihnen den Sieg versprochen hatte.

Fr. Wer war Calvin?

A. Calvin war ein Kleriker aus Noyon; aber er war niemals Priester. Er nahm die Irrlehren Luthers an, fügte seine eigenen hinzu, ließ sich in Genf nieder, wo er Michel Servet verbrennen ließ, der ihm zu widersprechen gewagt hatte, und starb selbst an einer entehrenden Krankheit. (Ein treffliches Kompendium von der kolossalen Lebensarbeit eines Calvin!)

Fr. Ist der Protestantismus die wahre Religion?

A. Der Protestantismus ist nicht die wahre Religion; er ist nicht einmal eine Religion, denn

1. er ist gestiftet durch vier große Freigeister (Heinrich VIII. wird auch dazu gerechnet);

2. er hat als Ursache das heidnische Prinzip der Insubordination, die Ehrsucht, die Lust nach dem Besitze Anderer und Fleischesvergnügungen, Dinge, welche sämtlich durch das Evangelium verboten sind;

3. er erlaubt alles zu glauben und zu thun, was man will;

4. er erzeugt unendliche Übel.

Fr. Was folgt daraus für uns?

A. Es folgt daraus, daß wir für diejenigen beten müssen, welche das Unglück haben, ihn zu bekennen, daß wir denen mißtrauen müssen, welche ihn predigen, und daß wir vor den Büchern Abscheu haben müssen, welche jene verbreiten.

Ob es nun so ganz absurd ist, wenn der Staat wissen will, nach welchen Lehrbüchern in den Klerikal- und Nonnen-Schulen doziert wird, das entscheidet sich nach solchen Proben mit Leichtigkeit. Der Staat hat nicht nur das Recht, sondern die Pflicht, sich darum zu kümmern, ob nicht in den Schulen des Intoleranzsystemes die Begriffe, auf denen er selbst aufgebaut ist, systematisch untergraben und vernichtet werden.

Sammlung aller Katholiken in einer alle Stände
und Berufszweige umfassenden Organisation und leb=
hafteste Propaganda für die katholischen Ideen, das sind
die Impulse, welche Leo XIII. dem Katholizismus auf
dem Gebiet der innern deutschen Politik gegeben hat.
Daß nach diesen Impulsen emsig gearbeitet wird, haben
wir auf wichtigen Gebieten des innerstaatlichen Lebens
zu zeigen versucht.

XV.

Schlußresultate.

a) Irrtümlichkeit von Leos Urteilen über den Protestantismus.

Es würde die Grenzen unsrer Aufgabe weit über=
steigen, wenn wir eine Vergleichung von Katholizismus
und Protestantismus im großen Stil anstellen wollten.
Den kürzesten und schlagendsten Beweis der absoluten
Irrtümlichkeit von Leos Urteilen über den Protestan=
tismus gibt jeder Vergleich katholischer und protestan=
tischer Länder. Am unwidersprechlichsten vielleicht ist aber
die kriminalstatistische Vergleichung. Man vergegenwär=
tige sich noch einmal alle Schmähurteile Leos gegen
den Protestantismus und vergleiche damit folgende Ta=
belle, welche den Veröffentlichungen des kaiserlichen sta=
tistischen Reichsamtes entnommen ist.

Es kamen im ganzen Reiche Verurteilte auf

Art der Verbrechen und Vergehen:	100 000 Protestanten				100 000 Katholiken			
	1882	1883	1884	1885	1882	1883	1884	1885
a) Verbrechen und Vergehen überhaupt	675	663	689	670	773	786	834	830
b) nach den Hauptkategorien:								
1. gegen Staat, Religion und öffentliche Ordnung	100	97,4	107	107	103	105,4	118	118
2. gegen die Person	210	219	242	242	274	285	321	330
3. gegen das Vermögen	362	343	336	318	392	392	390	378
4. Vergehen im Amt	3,3	3,4	3,4	3,1	3,9	3,7	4,2	3,8
c) einzelne wichtigere Kategorien:								
1. Meineid	1,6	1,7	1,9	1,8	2,6	2,2	2,1	2,3
2. Unzucht mit Gewalt	5,9	5,7	5,7	5,8	6,8	6,5	6,5	6,9
3. Einfache Körperverletzung	33	34,2	37,7	36	41	42,5	45,8	46
4. Gefährliche Körperverletzung	68	73	85	88	114	120	141	152
5. Mord	0,3	0,28	0,27	0,25	0,4	0,44	0,37	0,32
6. Kindesmord	0,3	0,36	0,32	0,40	0,4	0,43	0,41	0,44
7. Diebstahl	221	225	200,8	184	241	258	232,7	218
8. Hehlerei	18	16,3	15	14	20	19,4	19,5	19
9. Raub	0,8	0,79	0,73	0,67	1,1	1,2	1,4	1,0
10. Sachbeschädigung	23	22,5	24	25	30	28	32	33
11. Brandstiftung	1,5	1,4	1,3	1,3	1,2	1,3	1,3	1,1

10*

Es kamen während der bewußten vier Jahre 3632 Verurteilungen wegen eigentlichen Meineids vor; davon entfallen auf die etwas weniger als Zweidrittel der deutschen Bevölkerung betragenden Protestanten 2123 Verurteilungen (543, 485, 558 und 537), auf die etwas mehr als ein Drittel betragende katholische Be= völkerung 1509 (425, 359, 342 und 383). Die Verurteilungen wegen Religionsvergehen betrugen pro= testantischerseits 462, katholischerseits 559 in den vier Jahren unserer Vergleichung.

Man hat mit allerlei Gründen, selbst in der „Nord= deutschen Allgemeinen Zeitung" die Beweiskraft dieser Zahlen abzuschwächen, beziehungsweise zu widerlegen ge= sucht. Völlig mit Unrecht. Vor allem operiert die katho= lische Polemik im größten Maßstab mit der Statistik, da, wo ihr dieselbe günstig ist. Es muß daher dem Protestanten, welcher z. B. ja auch zugibt, daß die Selbstmorde protestantischerseits zahlreicher sind, als ka= tholischerseits, ebenso erlaubt sein, die sittliche Wirkung der beiden Religionssysteme auf das bürgerliche Leben statistisch zu konstatieren. Und diese Konstatierung ist möglich, trotzdem eine große Zahl anderer Faktoren außer der Religion auf die Kriminalität einwirken. Ab= weichungen im einzelnen können das Resultat jener Tabelle nicht umstoßen, weil bekanntlich jede Statistik eine Menge von Abweichungen im einzelnen enthält,

welche eben durch die „große Zahl" wieder ausgeglichen
werden. Man hält der Beweiskraft jener Tabelle das
kühlere Blut der nordischen Protestanten entgegen.
Allein einmal sind die klimatischen Unterschiede Deutsch=
lands keineswegs so bedeutende und gleichen sich großen=
teils durch die Gebirgigkeit des Südens wieder aus.
Posen und Westpreußen, welche ja auch im Norden
liegen, zeigen die größte Neigung zur Ungesetzlichkeit.
Posen und Westpreußen soll nun aber andererseits die
Beweiskraft der Tabelle vermindern. Aber wie? Ist
nicht Posen und Westpreußen zweiundeinhalb Jahrhun=
derte lang unter der Pflege des Jesuitismus gewesen
und heute noch in der Hand des klerikalen Polonis=
mus oder des polnischen Klerikalismus? Was haben
sie aus Posen und Westpreußen in zweiundeinhalb Jahr=
hunderten gemacht! Sind etwa die Posener und Ober=
bayern, mit welchen die „Nordd. Allgemeine Zeitung" uns
zu widerlegen sucht, irreligiös? Herrscht nicht gerade
hier das, was wir „quantitative Kirchlichkeit" nennen,
in weit höherm Maße, als in den allermeisten prote=
stantischen Gegenden! Und wenn man mit größerer
Armut die größere Kriminalität auf katholischer Seite
entschuldigt und erklärt, so erwidern wir: Die Armut
ist in protestantischen Gegenden nicht geringer; es gibt
auch in protestantischen Bezirken Hungertyphus und
Hafersuppen! Vor allem aber: wo bleibt denn die ka=

tholische Sozialpolitik, wo bleiben jene Reformer, welche
eben wieder mit dem denkbar größten Bewußtsein ihres
eigenen Wertes und ihrer Erfolge in Trier und Lüt=
tich getagt haben?! Wo bleiben sie, wenn sie nicht ein=
mal die angeblich größere Armut der katholischen Bevöl=
kerung durch ihre Organisationen und Reformvorschläge
in der Kriminalstatistik auszugleichen vermögen?! Kurz,
das Resultat der vorstehenden Tabelle ist folgendes:
Nach den Urteilen Leos über den Protestantismus, als
ein ganz verruchtes System, als eine Pest, würden wir
erwarten, der Protestantismus müßte in Deutschland
zum allerminbesten um die Hälfte mehr oder doppelt soviele
Verbrecher liefern, als der Katholizismus. Er liefert
aber nicht anderthalb Mal soviel, nicht einmal gleichviel
Verbrecher, sondern er liefert um ein volles Sechstel
weniger Verbrecher als der Katholizismus. Dieses Re=
sultat eröffnet dem Protestantismus eine feste und un=
erschütterliche Zuversicht auf die Zukunft. Der Katho=
lizismus ist einig, der Protestantismus zerrissen. Dort
ist man bis ins einzelnste organisiert, hier formlos und
ohne einheitliche Initiative. Dort Eine von einem
Mittelpunkt aus dirigierte Weltkirche, hier vierundvier=
zig nur im losesten Zusammenhang stehende Landes=
kirchen allein in Deutschland und zahlreiche Sekten;
dort Zusammenhang über alle Landesgrenzen hinaus
und internationale Hilfsorganisationen aller Art, hier

so gut wie gar kein Zusammenhang oder Hilfe von
außen. Dort eine beispiellos rege quantitative Kirch=
lichkeit, hier eine weitverbreitete Indifferenz und Un=
kirchlichkeit. Dort größtmöglicher Priestereinfluß, hier
das Gegenteil. Dort der nach katholischem Dogma
allmächtige Beichtstuhl — hier wenig kirchliche Ein=
wirkung selbst im Notwendigen. Dort ein prunkhaftes,
alle Tage des Jahres mit Festen und kirchlichen Vor=
schriften in Anspruch nehmendes Kirchenwesen, hier eine
kirchliche Schlichtheit und Einfachheit ohnegleichen —
und bei alledem um mehr als ein Sechstel weniger
Verbrechen protestantischerseits, als in der katholischen
Bevölkerung. Das bedeutet nichts anderes als dieses
die papstlose, nichthierarchische, zu den Urformen des
Christentums im Neuen Testament zurückgekehrte pro=
testantische Form des Christentums ist trotz ihres
dermaligen nichts weniger als idealen Zustan=
des ein sittlich höher stehendes Prinzip, als die Papst=
kirche des Mittelalters; die protestantische Selbstverant=
wortung vor Gott liefert selbst jetzt, wo eine Menge
von Protestanten an ihren religiösen Überzeugungen irre
geworden sind, immer noch so gute und bessere sitt=
liche Resultate, als die aufs denkbar höchste Maß ge=
spannte katholische Beichtstuhl=, Messe= und Rosenkranz=
kirchlichkeit. Die Konsequenzen sind noch hieraus zu
ziehen.

b) Unsere Aufgaben.

Es wäre nun bittere Selbsttäuschung, wenn wir mit dem Erreichten uns zufrieden geben, auf den Lorbeeren unsrer großen Vorfahren gemächlich ausruhen wollten. Dazu ist keine Zeit weniger angethan, als die Gegenwart, in welcher äußere Feinde das Reich, sittlicher Nihilismus, Sozialismus und Ultramontanismus uns im Reich bedrohen. Und es handelt sich für uns keineswegs um die religionsphilosophische und ethische Frage: welches Prinzip, das mittelalterlich = katholische, oder das neutestamentlich = protestantische ist das sittlich höhere? Schon oft ist in der Weltgeschichte ein höheres Prinzip, wenn es nicht die opferwillige und allseitige Vertretung gefunden hat, welche ihm gebührte, von einem minderwertigen Prinzip überwunden oder zurückgedrängt worden. Innerhalb wie außerhalb der christlichen Kirche gibt es hierfür eine Menge von Beispielen. Für uns also kommt es darauf an: wie verschaffen wir dem protestantischen Prinzip in der Ära der gesteigertsten katholischen Propaganda Vertretung und Verteidigung nach außen, mehr als seither? Um diese praktische Frage handelt es sich. Nach unserer Überzeugung muß es möglich sein, unsere seitherigen Fehler zu korrigieren, ohne in die Fehler des Katholizismus zu verfallen. Es muß möglich sein, den Pro-

testantismus zusammen zu schließen zu fester kom=
pakter Einheit, zu gemeinsamer Erfüllung seiner hohen
sittlich=religiösen Aufgaben, ohne das Sacrificium in-
tellectus, ohne die Preisgabe der eigenen Überzeugung
des einzelnen zu verlangen. Aber die verschiedenen
Richtungen im Protestantismus! Machen sie nicht für
immer gemeinsame Aktionen des Protestantismus zur
Unmöglichkeit? Wenn das wahr wäre, dann wäre es
der beste Beweis von der Widersinnigkeit des Prote=
stantismus und der größte Triumph Roms. Gewissens=
freiheit führt überall zu individuell verschiedenen Auf=
fassungsformen, da die Religion nicht eine mathema=
tische, sondern eine geistige Wahrheit ist. Will man
nun den von der eigenen Auffassung abweichenden Auf=
fassungsformen die Berechtigung von vornherein ab=
sprechen und die Möglichkeit des Zusammenarbeitens
mit abweichenden Richtungen leugnen, so hebt man eben
damit das Prinzip der Gewissensfreiheit wieder auf.
Denn solche Zurückweisung gleicht, wenn auch graduell
verschieden, doch wieder der katholischen Exkommuni=
kation. Der Evangelische Bund hat sich zur Auf=
gabe gestellt, die Protestanten zu gemeinsamer Abwehr
gegen Rom zu sammeln, an der Organisation und dem
innern Aufbau der evangelischen Kirche unermüdet zu
arbeiten — unter der ausdrücklichen Voraussetzung, daß
jene aus dem Prinzip der Gewissensfreiheit sich erge=

bende Verschiedenheit der Richtungen und Auffassungs=
formen der evangelischen Wahrheit kein Hindernis für
gemeinsam praktische Arbeiten bilden solle.

Wie reich und mannigfaltig das Arbeitsgebiet des
Evangelischen Bundes sein wird, das können wir aus
den vierzehn vorhergehenden Kapiteln dieser Broschüre,
aus der Darstellung von Leos Grundsätzen und Thaten
entnehmen. Überall, wo die protestantenfeindlichen An=
schauungen des Katholizismus realisiert werden sollen,
da wird der Evangelische Bund warnend seine Stimme
erheben und die Verteidigung zu organisieren suchen;
für die verschiedensten Zwecke der evangelischen Kirche
wird er Hilfskräfte mobil zu machen bestrebt sein. Die
Notwendigkeit des Evangelischen Bundes ist schon darin
begründet, daß keine einzige der protestantischen Rich=
tungen, ebensowenig, wie eine der vierundvierzig Lan=
deskirchen in Deutschland von sich aus eine umfassende
Abwehr gegen Rom zu organisieren im Stande war.
Wo man gemeinsame Aufgaben im großen Stil zu
lösen versuchte, da mußte man, wie im Gustav=Adolf=
Verein, über den Bereich der Einzel=Landeskirchen und
über den Bereich der Einzelrichtungen hinausgreifen.
Kein wahrer Protestant wird sich aber bis jetzt wohl
Skrupel darüber gemacht haben, ob die vom gemein=
samen Feind bedrohte evangelische Diasporagemeinde,
welche mit seinen Gustav=Adolf=Beiträgen unterstützt

worden ist, auch nun gerade seiner Richtung oder
Denomination angehört habe.

Auf politischem Gebiete wird es die Aufgabe
der deutschen Protestanten sein, die Wiederkehr einer
ultramontanen Parlamentsherrschaft zu verhü=
ten, wenn wir nicht wollen, daß wir alle deutschen
Reichsgesetze mit kirchenpolitischen Konzessionen an Papst
und Zentrum auch fernerhin bezahlen müssen. Papst
Leo XIII. hat dem Zentrum in der Allokution vom
23. Mai 1887 das größte Lob gespendet: „Die Haltung
dieser Partei hat uns Hoffnung zur Beilegung des
Kirchenstreites gegeben. Denn Wir wußten, daß Unsere
Bemühungen außer den Bischöfen aufrichtig und nach=
drücklich von katholischen Männern im Parlament unter=
stützt werden, welche sich in der besten Sache als die
standhaftesten Vertreter erwiesen haben, aus deren nach
drücklicher Ausdauer und Eintracht die Kirche nicht ge=
ringe Vorteile gewonnen hat und ebensolche in der
Zukunft zu erlangen hofft.“

Und obwohl der Papst sagt: „Wir haben weit
mehreres und weit wichtigeres schon erlangt, als das
ist, worüber wir noch weitere berechtigte Wünsche hegen“,
so verkündigt er im folgenden: „Was das übrige an=
langt, so werden wir mit Fortsetzung unsrer Verhandlungen
nicht zögern, und da wir den guten Willen des Kai=
sers und seiner Minister erkannt haben, so haben wir

den guten Grund zu wünschen, daß alle deutschen Ka=
tholiken sich aufrichten und stärken. Wir zweifeln
nicht daran, daß wir noch bessere Dinge (meliores res)
erreichen werden." Hand in Hand geht damit die ul=
tramontane Begehrlichkeit auf allen möglichen Gebieten
der innern Politik. Mit Sicherheit ist zu erwarten,
daß uns die Erneuerung der ultramontanen Parla=
mentsherrschaft immer neue katholische Forderungen
bringen würde: Schul= und Universitätsfreiheit, Frei=
gebung der unbeschränkten Vermögenserwerbung der
Klöster, Nuntiatur in Berlin, Wiederaufrichtung der
katholischen Hierarchie im protestantischen Deutschland,
wie zur Zeit Pius' IX. in England, zur Zeit Leos in
Schottland!

So müssen wir denn endlich begreifen, daß wir
in einer politisch und kirchenpolitisch entscheidungs=
vollen Zeit leben. Auf uns deutsche Protestanten
kommt es an, wie sich die Zukunft des Reiches
und unserer Kirche gestalten soll. Lernen wir vom
Gegner! Leo XIII. ist Realpolitiker in ähnlichem
Sinne wie Fürst Bismarck. Konsequentes Festhalten
an den Prinzipien und Zielen, kluge Kompromisse mit
dem Gegebenen und Möglichen, größte Leidenschaft ge=
zügelt durch berechnenden Verstand, rastlos energisches
Weiterarbeiten dem Ziel entgegen. Die Erfolge Leos
erklären sich aber, wie wir gesehen, großenteils aus der

Schwäche und Zersplitterung seiner Gegner. Er so wenig als jemals ein italienischer Prälat versteht das Wesen des Protestantismus. Sorgen wir dafür, daß seine traurigen, irrtümlichen Urteile über den Protestantismus immer mehr durch den Thatbeweis widerlegt werden!